Eine Bildreise

Urs Kluyver/Matthias M. Machan/Ellert & Richter Verlag

Schönes Köln

Beautiful Cologne/Cologne, la Belle

Matthias M. Machan, geb. 1965 in Wuppertal, Studium der Germanistik, Politik und Philosophie in Wuppertal und Köln. Seit Mitte der 80er Jahre arbeitet er als freier Journalist, Autor und PR-Texter für Zeitschriften, Kulturmagazine, Agenturen und Verlage. Vom Lokaljournalismus führte ihn der Weg über die Politik (Pressearbeit für Landes- und Bundesministerien) und die Pressestelle des Vorabendprogramms der ARD hin zum Wein- und Reisejournalismus. Seit Herbst 1996 ist er als Redakteur für die Fachzeitschrift „Gastrotel" in Köln tätig. Im Ellert & Richter Verlag erschienen von ihm die Bildreisen „Die Pfalz" und „Die Eifel".

Urs Kluyver, geb. 1943 in Rotterdam, studierte an der Folkwangschule in Essen bei Professor Otto Steinert. Er lebt seit 1969 in Hamburg und arbeitet als freier Fotojournalist für verschiedene deutsche und internationale Magazine. Er ist Mitglied der Focus-Bildagentur. Im Ellert & Richter Verlag erschienen die Bände „Harvestehude und Eppendorf" und „Die Walddörfer" sowie die Bildreise „Schönes Hamburg".

Matthias M. Machan, born in Wuppertal in 1965, studied German, politics and philosophy in Wuppertal and Cologne. Has worked since the mid-1980s as a freelance journalist, writer and copywriter for arts and other magazines, advertising agencies and publishers. Moved from local journalism via politics (press work for state and federal ministries) and the press departments of the early evening programmes on ARD television to wine and travel journalism. Has been a staff writer with the trade journal "Gastrotel" in Cologne since autumn 1996. Ellert & Richter Verlag are the publishers of his pictorial journeys "Die Pfalz" and "Die Eifel".

Urs Kluyver, born in Rotterdam in 1943, studied under Professor Otto Steinert at the Folkwangschule in Essen. Has lived in Hamburg since 1969 and works as a freelance photographer for various German and international magazines. Is a member of Focus, the picture agency. Ellert & Richter Verlag are the publishers of his "Harvestehude and Eppendorf" and "Die Walddörfer" and the pictorial journey "Beautiful Hamburg".

Matthias M. Machan, né à Wuppertal, en 1965. Etudes supérieures d'allemand, de sciences politiques et de philosophie à Wuppertal et Cologne. Travaille depuis le milieu des années 80 en tant que journaliste free-lance, auteur et rédacteur en matière de relations publiques pour différentes revues, magazines culturels, agences et maisons d'édition. Du journalisme local, son chemin l'a mené au journalisme spécialisé dans le domaine du vin et des voyages. Rédacteur auprès de la revue spécialisée «Gastrotel», à Cologne, depuis 1996. Ses voyages illustrés «Le Palatinat» et «L'Eifel» sont parus à la maison d'édition Ellert & Richter.

Urs Kluyver, né à Rotterdam, en 1943. Etudes à la Folkwangschule à Essen, auprès du professeur Otto Steinert. Vit depuis 1969 à Hambourg et travaille comme photojournaliste indépendant pour différents magazines allemands et internationaux. Il est membre de l'Agence de Photographie Focus. Ses livres «Harvestehude und Eppendorf» et «Die Walddörfer» ainsi que le voyage illustré «Hambourg la belle» sont parus à la maison d'édition Ellert & Richter.

Bildnachweis:
Fotos: Urs Kluyver, Hamburg
außer: Hans-Jürgen Burkard/Bilderberg, Hamburg: S. 80/81
Karte: © MESSE TREFF, Köln

Titelabbildung/Cover/Photo de couverture:
Blick über den Rhein auf den Kölner Dom und das davorliegende Wallraf-Richartz-Museum/Museum Ludwig.

Literatur/References/Bibliographie:
Eckert: Kölner Stadtführer, Köln 1996
Merian: Köln, Hamburg 1994
Schäfke: Köln, Köln 1993
HB-Bildatlas Köln, Hamburg 1991
Schäfke: Das neue Köln 1945–1995, Köln 1995

Die Deutsche Bibliothek – CIP-Einheitsaufnahme

Schönes Köln = Beautiful Cologne / Urs Kluyver/
Matthias M. Machan. –
Hamburg : Ellert und Richter, 1997
(Eine Bildreise)
ISBN 3-89234-754-9

Text und Bildlegenden/Text and captions/Texte et légendes: Matthias M. Machan, Hilden
Fotos/Photos/Photographies: Urs Kluyver, Hamburg
Übertragung ins Englische/English translation/Traduction anglaise: Paul Bewicke, Hamburg
Übertragung ins Französische/French translation/Traduction française: Michèle Schönfeldt, Hamburg (Text)/ Valérie Maurer, Hamburg (Bildlegenden)
Bildredaktion/Picture editor/Service photo: Anke Balshüsemann, Hamburg
Gestaltung/Design/Maquette: nach Entwürfen von Hartmut Brückner, Bremen
Lektorat/Editor/Lectorat: Rüdiger Frank, Hamburg
Lithographie/Lithography/Lithographie: Lithotec Oltmanns, Hamburg
Satz/Typesetting/Composition: KCS GmbH, Buchholz/ Hamburg
Druck/Print/Impression: Druckerei Weinmann, Filderstadt
Bindung/Binding/Reliure: Buchbinderei S. R. Büge, Celle

Inhalt/Contents/Sommaire

In Köln muß man mit dem Zug ankommen. Nur der Zug bringt die Reisenden rasch und auf direktem Wege durch die Vororte immer tiefer in die Domstadt hinein – und belohnt zudem vom rechten Rheinufer, der Deutzer Seite, mit einem grandiosen Blick. In Verlängerung der Hohenzollernbrücke scheint der Dom zum Greifen nah. Respektvoll drosselt der Zug seine Fahrt. Eine majestätische Ouvertüre. Die Hoheit unter den Kölner Kirchen stellt alles andere in den Schatten. Weiße Passagierschiffe liegen am Ufer fest vertäut, die schmucken Bürgerhäuser am Fischmarkt in der Altstadt sind in der gleißenden August-Morgensonne sonntäglich herausgeputzt. Der mächtige Vierungsturm von Groß St. Martin – wie alle romanischen Kirchen Kölns älter und kölnischer als der Dom –, der Ratsturm und die gestaffelten Sheddächer des in den Domhügel gebauten Wallraf-Richartz Museums/Museums Ludwig schließen diesen Postkartenblick ab. „Über den Bahnhof hinaus fuhr unser Zug in den Kölner Dom/ die Lokomotive hielt vor dem Allerheiligsten und kniete sanft ...", dichtete Yvan Goll. Natürlich dringt die Lok nicht bis zum Hochaltar vor, aber immerhin fast: ins Herz von Köln.

Ankunft, Dom, Hauptbahnhof. Ein Bild, das auch die Kölner immer wieder innehalten läßt. Ächzend spuckt uns die Rolltreppe aus dem Untergrund direkt vor das mächtigste Kirchenportal der Christenheit. Mitten im vieltausendfachen babylonischen Sprachgewirr, zwischen Pflastermalern, Indios im Anden-Takt und Roller-Skatern versuchen Touristen verzweifelt und doch vergeblich, die 157 Meter hohen Türme der Westfassade aufs Polaroid zu bannen. Strebepfeiler, Rippen, Bögen und Ziertürme nehmen dem Dom jegliche Erdenschwere, verwischen die Grenzen zum Himmel.

Dom und Strom scheinen Köln über alle Zeiten hinweg Kontinuität zu verleihen. Der Lage am Rhein hat die Stadt fast alles zu verdanken: die Gründung durch die Römer, die wirtschaftliche Bedeutung als Handelsstadt, ihre äußere Gestalt. Nichts liegt in Köln näher am Rhein als die Altstadt. Manchmal liegt sie sogar mittendrin. Im Januar 1995 versank sie zum zweiten Mal binnen 13 Monaten in den braunen Fluten. Nur über eilig aufgebaute Stege konnten die Anlieger ihre Wohnungen erreichen, mancher Wirt gelangte gelassen mit dem Schlauchboot zum Tresen. „Et es, wie et es", sagen die Einheimischen achselzuckend und finden Halt in zwei weiteren kölschen Glaubensbekenntnissen: „Et kütt, wie et kütt" und „Et hätt noch immer jot jejange". Diese Haltung hat sich bewährt – seit 2000 Jahren.

Gelassen und weltoffen scheint die Stadt in sich zu ruhen, gehört sich selbst und den Bürgern. Die mischen sich ein, wenn es um das Wohl und Wehe ihrer Stadt geht. Das hat Tradition. 1074 setzten sie ihren Erzbischof Anno II. vor die Tür. Der heutige Oberhirte des mit einem Jahresetat von 1,3 Milliarden größten Bistums der Erde, Kardinal Meisner, wird immerhin geduldet. Dieses Schicksal teilt er mit allen „Imis", wie die Zugezogenen genannt werden.

Dem Karneval kann sich niemand entziehen. Es sei denn durch Flucht ... Zwischen Weiberfastnacht und Aschermittwoch ist die Stadt im Ausnahmezustand. Der Schuster nebenan macht wie die städtischen Museen seinen Laden für eine Woche dicht, die Ämter schließen früher, beginnen dafür später. Karneval ist Glaubensfrage und Lebensgefühl, Wirtschaftsfaktor und manchmal bierernst. Er durchdringt alle Bereiche des öffentlichen Lebens. Auch die Politik: „Nix bliev, wie et es, aber wir werden das Kind schon schaukeln", kommentierte ein Ratsherr optimistisch mit dem Motto für die „fünfte Jahreszeit" die Haushaltsberatungen. Auch Kirche und Karneval sind einander nicht fremd: Der Kölner Dompropst wurde jüngst mit dem Aachener Karnevalsorden „Wider den tierischen Ernst" ausgezeichnet. Die Vorgeschichte: Aus dem Dom war ein Prozessionskreuz gestohlen worden. „Schäfers Nas", eine inzwischen im Ruhestand lebende Größe der Kölner Unterwelt, sagte seine Hilfe bei der Wiederbeschaffung zu. Tatsächlich wartete das Kreuz schon kurze Zeit später in einer Plastiktüte auf seinen Besitzer. Der Dompropst hielt für den „Vermittler" aus der Unterwelt zum Dank eine pointiert vorgetragene Messe. Merke: Die Kölner Unterwelt ist katholisch.

„Man kennt sich eben, und man hilft sich", wußte schon Konrad Adenauer zu seinen Oberbürgermeister-Zeiten in Köln. Die Kunst der Konsensfindung auf dem kurzen Dienstweg kennt man nicht nur in Köln, doch hier gibt es ein Wort dafür: Klüngel. So mag sich auch manche Bausünde des Wiederaufbaus nach 1945 erklä-

Auf der Hohenzollernbrücke verlangsamen die Reisezüge ihre Fahrt, scheinen sich gleichsam vor dem Dom zu verneigen.

Trains slow down as they cross the Hohenzollernbrücke, seemingly paying their respects to Cologne Cathedral.

Sur le pont Hohenzollern, les trains ralentissent leur cadence semblant, pour ainsi dire, s'incliner devant la cathédrale de Cologne.

ren, die mancherorts – etwa entlang den Plätzen an den Ringen oder die das Herz der Stadt durchschneidende Nord-Süd-Fahrt – die Zerstörung des alten Köln vollendete. Doch die Domstadt hat sich in der letzten Dekade mächtig herausgeputzt, wurde zu einem geschliffenen Edelstein. Köln, du bist schön geworden! Das Viertel um Groß St. Martin ist ein Musterbeispiel für gelungene Stadtsanierung, die Einkaufsstraßen zwischen Dom und Neumarkt gehören nur noch den Fußgängern, und selbst die Ringe bekommen langsam ihren alten Boulevard-Charakter der Jahrhundertwende zurück.
Es sind Kontraste, die Gegensätze zwischen Rhein und Ring, die den Reiz dieser Stadt prägen. Hier haben alle und alles seinen Platz. Toleranz übt der Kölner nicht nur beim Karneval, wo es zu Prunksitzungen mit der (alternativen) Stunksitzung und dem Geisterzug weitere Spielarten des Karnevals getreu dem Motto „Jeder Jeck ist anders" gibt. Ob Facharbeiter oder Generaldirektor, Einheimischer oder „Imi": vor dem „Köbes" im Brauhaus sind sie alle gleich. Der ist hier der ungekrönte König in seinem Reich – und handelt auch so. Ungefragt wird das Kölsch auf holzblanken Tischen serviert, Limo gibt es in Ausnahmefällen, Wasser nie. Die Brauhauskultur prägt das subjektive Lebensgefühl der Stadt, wirkt identitätsstiftend. Wie der Schauspieler Willy Millowitsch, dem man schon zu Lebzeiten ein Denkmal gesetzt hat, wie die Lieder der „Bläck Fööss", das Stockpuppenspiel des Hänneschen-Theaters, der Geißbock des 1. FC (Fußball), die Haie von der Lentstraße (Eishockey) und nicht zuletzt das Kölsch als Sprache, das viel weicher und biegsamer als das Hochdeutsche erscheint. Köln ist Medienstadt und Messeplatz, Wirtschaftszentrum und Kunstmetropole, verschlafener Vorstadt-Charme und pulsierende Urbanität vor 2000jährigem Hintergrund, eher französisch (war es mal) als preußisch (war es auch), ist eine Mischung aus Geselligkeit und Selbstgefälligkeit, rheinischem Katholizismus und liberalem Bürgertum.

You have to come to Cologne by train. Only the train takes a direct route through the suburbs, rapidly carrying the traveller deeper and deeper into the cathedral city – and rewards him with a glorious view from Deutz on the right bank of the Rhine. Directly beyond the Hohenzollern railway bridge the Cathedral seems close enough to touch. Respectfully, the train slows down. A majestic overture. The most illustrious of Cologne churches casts everything else into its shade. White passenger boats are moored firmly to the river bank, the smart bourgeois town houses on the fish market in the old city centre are decked out in their Sunday best beneath the brilliant August morning sun. The massive lantern tower of Gross St Martin – like all Cologne's Romanesque churches older and more indigenous than the Cathedral –, the Ratsturm and the unusual staggered roofs of the Wallraf-Richartz Museum/Museum Ludwig complete the picture postcard scene. "Our train passed through the station into Cologne Cathedral / The engine stopped in front of the holy of holies and knelt softly down ...," wrote the poet Yvan Goll. The train does not, of course, pull right up to the high altar, though it stops not far off, depositing the traveller in the very heart of Cologne.
Arrival, cathedral, station. A scene that makes even Cologne people stop and look for a moment. The creaking escalator spits us out from underground directly in front of the mightiest church portal in Christendom. Amidst a multitudinous Babel of languages, amidst pavement artists, indio musicians and roller-skaters, tourists try desperately but ultimately in vain to capture the 157-metre-high west front tower on polaroid. Buttresses, ribs, arches and ornamental towers give the Cathedral a gravity-defying lightness, blurring the borders with heaven.
Cathedral and river seem to bestow upon Cologne a continuity through the ages. The city owes nearly everything to its location on the Rhine: its founding by the Romans, its economic importance as a centre of commerce, its appearance. Nothing in Cologne is closer to the Rhine than the Altstadt, the historic city centre. Sometimes it is even in the river. In January 1995 it sank beneath the brown flood waters for the second time within 13 months. Only hastily erected footbridges enabled local people to reach their apartments, while pub landlords calmly took to rubber dinghies to reach their bar counters. "Things are as they are," say the natives with a shrug of their shoulders, taking comfort in this and two other Cologne sayings: "Things come as they come," and "Things have always turned out for the best." This attitude has stood them in good stead – for 2,000 years!
Cologne seems to be at peace with itself, composed and cosmopolitan. It belongs to itself – and its citizens, who have a long tradition of getting involved when the wellbeing of their city is at stake. In 1074 they even threw out their archbishop, Anno II. Luckily, the current incumbent, Cardinal Meisner, who presides over the largest diocese on Earth, with an annual budget of 1.3 billion marks (over 750 million dollars) is tolerated. He shares this fate with all "immis," as outsiders who move to Cologne are called.
Nobody can avoid Carnival – unless they flee the city. Between Weiberfastnacht, when women take over for a day, and Ash Wednesday, normal life is abandoned. Everyone from the cobbler next door to the municipal museums shuts up shop for a week, while offices close earlier and start work later. Carnival, known as the "fifth season," is a question of faith and of joie de vivre, an economic factor and sometimes deadly serious. It penetrates all spheres of public life, even politics. "Nothing stays the same, but we'll get by," said one city councillor, using one of the typical Carnival truisms to comment optimistically on the outcome of annual budget discussions. The Church, too, is no stranger to Carnival: the dean of Cologne Cathedral was recently awarded the Aachen Carnival order "Against Deadly Earnest." The background to this story is as follows: a processional cross had been stolen from the Cathedral. "Sniffer," a former leading light of the Cologne underworld now living in retirement, promised to help recover it. And, indeed, a few days later the cross was returned in a plastic bag. The dean held a special mass and delivered a pithy sermon to thank the "mediator" from the underworld. Take note: the Cologne underworld is Catholic.
Even Konrad Adenauer during his period as mayor of Cologne said, "You know each other and you help each other." The art of reaching agreement without going through all the official channels is not exclusive to Cologne, but here there is a special word for it, "Klüngel," which loosely translated means "jobs for the boys." This may be an explanation for some of the building outrages committed during reconstruction after 1945, which completed the destruction of old Cologne in many places – for example, along the squares by the ring-roads or the north-south road that cut right through the heart of the city. Over the last decade, however, the cathedral city has undertaken tremendous strides to improve its appearance, and is now truly a polished jewel. Cologne, how beautiful you have grown! The district around Gross St Martin is a prime example of successful urban renewal, the shopping streets

between Cathedral and Neumarkt are exclusively for pedestrians, and even the ring-roads are slowly regaining the boulevard character they had around the turn of the century.
It is the contrasts, the contradictions between Rhine and ring-road, which give the city its charm. Here there is a place for everyone and everything. Cologne people are not only tolerant at Carnival time, when all manner of alternative events are held to counter the official ones, in keeping with the motto "Everyone is different." Whether tradesman or managing director, native or "immi," before the "Köbes," or waiter in the brewery pub, all are equal. He is the uncrowned king in his empire – and behaves accordingly. "Kölsch," the local beer, is served on bare wooden tables without being ordered. There might be lemonade by way of exception, but never mineral water. Brewery culture characterises the city's subjective sense of being alive, and helps to create an identity. It is part of the special culture that includes actor Willy Millowitsch, to whom a monument has been erected in his lifetime, the Hänneschen puppet theatre, the billy-goat mascot of FC Cologne, the local ice-hockey club, the Sharks, and last but not least the Cologne dialect, much softer and suppler than standard German. Cologne is a city of the media and of trade fairs, a centre of business and the arts, a combination of sleepy suburban charm and vibrant urbanity, all against the background of 2,000 years of history. It is more French (it once was) than Prussian (which it was too), a mixture of conviviality and complacency, Rhenish Catholicism and liberal middle-class attitudes.

Das Adenauer-Denkmal an der Nordseite der romanischen Kirche St. Aposteln am Neumarkt wurde 1995 errichtet.

The Adenauer Monument on the north side of the Romanesque church of the Holy Apostles on Neumarkt was erected in 1995.

Le monument à la mémoire d'Adenauer et situé sur le côté nord de l'église romane des Saints-Apôtres au «Neumarkt» fut érigé en 1995.

C'est par le train qu'il faut arriver à Cologne. En effet, seul le train achemine les voyageurs rapidement et par la voie la plus directe à travers les banlieues, les faisant pénétrer au plus profond de la ville dominée par la cathédrale et les gratifiant, de surcroît, d'un grandiose panorama, de la rive droite du Rhin, la rive Deutz. Se dressant dans le prolongement du Pont Hohenzollern, la cathédrale semble être à portée de la main. En témoignage de son respect, le train ralentit sa course. Une majestueuse entrée en matière. Son Altesse sérénissime parmi les églises de Cologne éclipse tout ce qui l'entoure. Des bateaux-mouches blancs sont solidement amarrés à quai et les pimpantes demeures bourgeoises bordant le Marché-aux-Poissons (Fischmarkt) de la vieille ville ont l'air endimanché sous le soleil matinal éclatant de cette journée du mois d'août. La puissante tour carrée de l'église St-Martin-la-Grande (Groß St. Martin) – comme toutes les églises romanes de Cologne plus ancienne et plus colonaise que la cathédrale –, ainsi que les toits en dents de scie du Musée Wallraf-Richartz et Ludwig, bâti sur le promontoire où se dresse la cathédrale, viennent parachever ce panorama de carte postale. «Passé la gare, notre train s'engagea dans la cathédrale de Cologne/la locomotive vint s'arrêter devant le sanctuaire et s'agenouilla doucement», écrivait le poète Yvan Goll. La locomotive ne pénètre pas, certes, jusqu'au maître-autel, mais presque: elle mène le voyageur jusqu'au cœur de Cologne.
Arrivée place de la Cathédrale, gare centrale. Tableau qui, de tout temps, n'a cessé de couper le souffle du spectateur, même s'il vient de Cologne. Gémissant sous l'effort, l'escalier roulant nous éjecte des profondeurs et nous dépose juste en face du plus imposant portail d'église de toute la Chrétienté. Plongés ainsi au beau milieu de cette tour de Babel aux mille accents, parmi les indiens d'Amérique latine dansant au rythme de mélopées des Andes, entourés des patineurs sur leurs rollers, les touristes tentent désespérément de fixer sur leurs objectifs les tours de la façade ouest, hautes de 157 mètres. Contreforts, arêtes saillantes, arcs et tours d'ornement enlèvent à la cathédrale toute pesanteur, confondant ses extrémités avec le ciel.
Cathédrale et fleuve semblent conférer à Cologne la continuité qu'elle a acquise à travers les siècles. La ville doit presque tout, en effet, à sa situation en bordure du Rhin: sa fondation par les Romains, son importance en tant que ville marchande, son aspect extérieur. Rien à Cologne n'est plus proche du Rhin que la vieille ville. Celle-ci se retrouve parfois même les pieds dans l'eau. En janvier 1995, elle disparut pour la deuxième fois en l'espace de 13 mois dans les flots terreux du fleuve. Les riverains ne purent regagner leurs maisons qu'au moyen de passerelles jetées en toute hâte. Il se trouva même des aubergistes pour rejoindre leur comptoir en canot pneumatique sans se départir de leur calme. «Et es wie et es», «C'est comme ça» vous diront les autochtones en haussant les épaules, trouvant leur réconfort dans deux autres professions de foi typiquement colonaises: «Et kütt wie et kütt» (ça vient comme ça vient) ou encore «Et hätt noch immer jot jejange» (ça a toujours bien marché). Cette façon de voir les choses a fait ses preuves – et ce depuis 2000 ans!
Sereine et ouverte au monde, ainsi la ville semble-t-elle respirer l'harmonie, forte d'elle-même et de ses habitants. Ceux-ci font d'ailleurs entendre leurs voix lorsque le sort de leur ville est en jeu. Une longue tradition étaye cette attitude. C'est ainsi que les Colonais se débarrassèrent de leur archevêque, Anno II, en le mettant tout bonnement à la porte en 1074. L'actuel grand-prêtre, le cardinal Meisner, qui se trouve à la tête du plus grand évêché existant au monde, évêché doté d'un budget annuel de l'ordre de 1,3 milliards, est, lui au moins, toléré. Il partage ce sort avec tous les autres «imis», ainsi que l'on appelle ici tous ceux qui viennent d'ailleurs.
Personne, toutefois, ne pourra se soustraire au carnaval. A moins que par la fuite. Du «Weiberfastnacht» (Carnaval des femmes ayant lieu le jeudi précédant le Carême) au Mercredi des Cendres, la ville se trouve en état d'urgence. Le cordonnier d'à côté verrouille sa boutique pour une semaine et les administrations ferment leurs portes plus tôt qu'à l'ordinaire, commençant plus tard, en contrepartie. Le carnaval est une question de foi et une façon d'aborder l'existence mais il est aussi un facteur économique, voire même une «affaire des plus sérieuses». Il imprègne tous les domaines de la vie publique et de la politique. «Nix bliev wie et es, aber wir werden das Kind schon schaukeln» (rien n'est plus comme avant, mais on va bien finir par s'en sortir»), c'est ainsi qu'un conseiller municipal commentait avec optimisme les résultats des délibérations budgétaires concernant la «cinquième saison de l'année».
L'Eglise et le carnaval ne sont pas non plus sans entretenir certains rapports. C'est au prieur de la cathédrale de Cologne qu'a été décerné, récemment, l'ordre du Carnaval d'Aix-la-Chapelle «Wider den tierischen Ernst» («Ordre contre l'austérité»). Comment en était-on arrivé là? Une croix de procession ayant été volée à la cathédrale, un gros bonnet (entretemps à la retraite) du milieu colonais, «Schäfers Nas», proposa son aide en vue de la récupérer. Peu de temps après, la croix, déposée dans un sac en plastique, attendait effectivement son propriétaire. En remerciement, le prieur dit alors une messe rhétoriquement à l'avenant à l'intention de ce «médiateur» du milieu. On le remarquera: le milieu colonais est catholique.
«On se connaît tout simplement et on s'entraide», en avait déjà conclu Konrad Adenauer, à l'époque où il était premier bourgmestre de Cologne. L'art de rechercher un consensus par le moyen le plus direct, autrement dit en contournant la voie hiérarchique, n'est pas spécifique de la seule ville de Cologne, mais il existe ici un mot

bien précis pour le désigner: la magouille. Ainsi peut-on s'expliquer les nombreux «péchés» commis dans la hâte de la reconstruction, après 1945, péchés qui ne firent que parachever l'anéantissement du vieux Cologne, comme on peut s'en convaincre en maints endroits, par exemple le long des places bordant les «Ring» (les ceintures urbaines) ou en considérant la voie nord-sud qui traverse la cité en son cœur même. Pourtant, la ville s'est refait une beauté, se métamorphosant en pierre précieuse finement ciselée. Cologne, que tu es devenue belle! Le quartier entourant l'église St-Martin-la-Grande (Groß St. Martin) est un exemple typique de réaménagement urbain réussi. Les rues commerçantes entre la cathédrale et le Neumarkt sont aujourd'hui le paradis des piétons et même les grandes ceintures urbaines ont retrouvé le caractère de boulevards qu'elles revêtaient au tournant du siècle.

Ce sont les contrastes existant entre le Rhin et les Ring qui font le charme de la ville. Tous et toutes choses y ont place. L'habitant de Cologne ne fait pas preuve de tolérance qu'à l'occasion du carnaval – que celui-ci s'exprime dans les grandes manifestations prestigieuses, ou celles de caractère alternatif et plus polémiques ou encore à travers les défilés. Il a encore bien d'autres facettes, tout cela selon la devise «A chacun son carnaval». Ouvrier qualifié ou PDG, autochtone ou «imi»: tous, à la brasserie sont, par contre, égaux devant le «Köbes». Ce serveur au grand tablier de toile bleue y est un roi sans couronne et se comporte en conséquence. La bière de Cologne, appelée «Kölsch», vous est servie sans qu'il soit besoin d'en passer commande sur des tables de bois lustrées par l'usage. On ne vous y apportera de la limonade que dans des cas exceptionnels, quant à l'eau, inutile d'en demander. Dans cette ville, la manière d'aborder la vie est intimement liée à la bière et celle-ci est un facteur d'identification des habitants à leur ville. Tout comme Willy Millowitsch, acteur renommé, en est un, qui s'est vu dresser un monument de son vivant, comme le sont les chansons des «Bläck Fööss» (groupe de musique rock), les marionnettes du théâtre Hänneschen, le bouc du club de football FC Köln, les requins de la Lentstraße (équipe de hockey sur glace) sans oublier le «Kölsch», dialecte de Cologne à la résonance plus douce et aux accents moins accusés que ceux du haut allemand. Cologne est la ville des médias et des foires, un pôle économique et une métropole artistique, une capitale au charme de ville de banlieue endormie, mais aussi une cité urbaine vibrante d'activité qui s'enorgueillit de 2000 ans d'histoire, plus française (ce qu'elle fut pendant un certain temps) que prussienne (ce qu'elle fut également), un mélange de convivialité et de suffisance, de catholicisme rhénan et de bourgeoisie libérale.

Der Kölner Dom, begonnen 1248 und erst 1880 fertiggestellt, überragt mit seinen 157 Meter hohen Türmen die Innenstadt.

The 157-metre spires of Cologne Cathedral, begun in 1248 and not completed until 1880, tower above the city centre.

De leurs 157 mètres de hauteur, les tours de la cathédrale de Cologne, dont la construction commença en 1248 et ne fut achevée qu'en 1880, dominent le centre-ville.

Aus welcher Himmelsrichtung man auch kommt, nichts stellt die Hoheit unter den Kölner Kirchen in den Schatten. Schwindelfrei müssen die Mitarbeiter der Kölner Dombauhütte – wie das Baugerüst am Nordturm eindrucksvoll belegt – schon sein. Garantiert ist dafür ein krisensicherer Arbeitsplatz. Denn keiner der heute Lebenden wird den Dom vollständig restauriert sehen.

Regardless which direction you arrive from, nothing overlooks the majesty among Cologne's towering churches, and the Cathedral's construction workers need a good head for heights, as the scaffolding on the north tower impressively shows. But they can be sure of a safe job. None of today's workmen will live to see the Cathedral fully restored.

Peu importe la direction par laquelle on arrive, la souveraineté de la cathédrale se dégage de l'ensemble des églises de la ville. Les ouvriers de la cathédrale ne doivent pas être sujets au vertige, comme le prouve la hauteur des échafaudages sur la tour nord. Mais ils peuvent être sûrs de conserver leurs emplois, car aucun de ceux qui vivent aujourd'hui ne verra la restauration entièrement terminée.

Still ist es gerade in den Sommermonaten auf der Domplatte vor dem reichverzierten mächtigen Westportal nie. Unter das vieltausendfache Sprachgewirr der Pilger und Touristen mischen sich Pflastermaler und Indios, Skater und Stadtläufer – und ewig pfeifen die Fallwinde vom Dom.

It is never quiet near the Cathedral, especially in summer. Pilgrims and tourists from countless countries are joined by pavement artists and South American Indians, by skaters and joggers – and by the wind that whistles round the building.

Devant le portail ouest richement orné, le parvis de la cathédrale n'est jamais désert, spécialement durant les mois d'été. Aux touristes et pèlerins parlant des milliers de langues différentes se mêlent des artistes dessinant à la craie sur le trottoir, des musiciens d'Amérique du Sud, des joggeurs et des surfistes, continuellement accompagnés des vents descendants de la cathédrale.

Eine urkölsche Institution: Im Brauhaus „Päffgen" an der Friesenstraße serviert der Köbes rauh, aber herzlich das obergärige Kölsch. An den blankgescheuerten Tischen kommt man sich inmitten einer klassenlosen Gesellschaft schnell näher. Voraussetzung sind beherztes Durchsetzungsvermögen und ein freches Mundwerk. Im Sommer lockt der schattige Biergarten im Hof.

The "Päffgen" brewery inn on Friesenstrasse is a Cologne institution with its rough but jovial waiters serving top-fermented Kölsch. At the scrubbed tables you soon get to know your neighbours in a classless society. But you need to be able to hold your own and to be prepared to speak your mind. In summer the shade of the beer garden in the yard is a tempting proposition.

La brasserie «Päffgen» dans la Friesenstraße est une institution de la Cologne typique. Les «Köbes», rudes mais en mêmes temps cordiaux, servent la «Kölsch», la bière locale à fermentation haute. Assis à des tables reluisantes, on fait rapidement connaissance avec son voisin dans cette société sans classes. A condition de posséder un solide sens de la répartie et la langue bien pendue. En été, le «Biergarten», situé à l'ombre dans la cour, tente le flâneur.

Die Schokoladenseite der Stadt erschließt sich vom rechten Rheinufer, der „schäl Sick“, oder von der Deutzer Brücke besonders eindrucksvoll. Der Dom und die romanische Kirche Groß St. Martin, der Fernsehturm und das Wallraf-Richartz-Museum/Museum Ludwig stehen für das reizvolle Miteinander von Mittelalter und Moderne, Sakralem und Irdischem.

There is a particularly impressive view of the more attractive side of the city from the right bank, the Deutz side, or indeed from the Deutz Bridge. The Cathedral and the Romanesque church of Gross St Martin, the TV tower and the Wallraf-Richartz-Museum/Museum Ludwig make up a delightful blend of the mediaeval and the modern, the sacred and the profane.

C'est une vue particulièrement impressionnante de la partie la plus attractive de la ville que l'on a de la rive droite, nommée aussi «schäl Sick», ou du pont de Deutz. La cathédrale et l'église romane St-Martin-la-Grande, la tour de télévision et le Musée Wallraf-Richartz/ Musée Ludwig donnent une image attrayante associant le médiéval et le moderne, le sacré et le profane.

Der Fund im Jahre 1996 war sensationell: Bei Untersuchungen einer Baugrube in der Innenstadt stieß die Kölner Bodendenkmalpflege auf Reste einer Säulenhalle des römischen Forums. Diese bildete ein riesiges Halbrund von 120 Meter Durchmesser und war wohl der Mittelpunkt der „Colonia Claudia Ara Agrippinensis". Fünf Sockel, die die Untergeschoßdecke des Portikus getragen haben, einen Säulenstumpf sowie Reste der Außenmauern fanden die Archäologen. Wenige Tage später waren die Funde abgeräumt, mußten die Forumsreste einem Neubau weichen. Geld für den Erhalt der Funde am originalen Standort war nicht vorhanden. Die Stadt schleifte ihr historisches Erbe.

Wer in der Innenstadt ein Loch gräbt, kommt an den Römern nicht vorbei – und eben an den Denkmalpflegern. Sie bleiben manchmal monatelang, drehen jeden Stein um, um noch mehr Licht auf die Römerzeit zu werfen. Denn vieles ist immer noch unerforscht. Die Römerstadt der ersten nachchristlichen Jahrhunderte war die erste bedeutende Kölner Stadtgestalt. Unter den salischen und staufischen Kaisern wuchs die Stadt im Mittelalter zu einer Schönheit und Größe heran, daß man sie mit Rom und Paris in einem Atemzug nannte. Das Stapelrecht – alle durch die Stadt geführten Waren mußten den Bürgern vor dem Weitertransport drei Tage lang zum Kauf angeboten werden – und der Weinhandel sorgten für Prosperität.

Doch der Reihe nach: Die ältesten Spuren menschlicher Behausung – ein Dorf der Bandkeramiker aus der jüngsten Steinzeit – wurden im Stadtbezirk Lindenthal entdeckt. Die offizielle Stadtgeschichte indes beginnt mit dem germanischen Stamm der Ubier. Im Schatten der Domtürme, an der Burgmauer, wurden die ältesten Zeugnisse ihrer Besiedlung freigelegt. Die Ureinwohner Kölns kämpften um 53 v. Chr. Seite an Seite mit Cäsars Truppen siegreich gegen die linksrheinisch siedelnden Eburonen. Marcus Agrippa, Feldherr im Dienste des expandierenden Imperium Romanum, gründete das „Oppidum Ubiorum" auf einem langgestreckten, hochwasserfreien Plateau, dessen Grenze im Süden mit den Höhenunterschieden zum Straßenzug Mühlenbach-Blaubach-Rothgerberbach noch heute gut zu erkennen ist. In dieser Ubierstadt wurde Agrippina geboren, Frau des Kaisers Claudius und die eigentliche Stadtgründerin im Jahr 50 n. Chr. Eine Stadtmauer entstand, vier Kilometer lang, mit 9 Toren und 22 Türmen. Reste dieser Mauer sowie der „Römerturm", der nordwestliche Eckturm der Stadtbefestigung, trotzen an der Zeughausstraße noch heute den Verkehrsströmen. Für die Ubier war das eine Zeitenwende: Inmitten eines quirligen Bevölkerungsgemischs aus Rom, Griechenland und Kleinasien entstanden Straßen und steinerne Häuser. Eine 80 Kilometer lange Wasserleitung versorgte die 15 000 Menschen in der Colonia mit Frischwasser aus der Eifel, ein ausgeklügeltes Kanalsystem sorgte für die Entwässerung. Das Römisch-Germanische Museum am Roncalliplatz vermittelt ein spannendes Bild vom Alltagsleben im antiken Köln. Vom monumentalen Repräsentationsbedürfnis der Römer zeugen besonders das 15 Meter aufragende Grabmal des Legionärs Poblicius wie das farbenprächtige Dionysos-Mosaik.

Köln wurde zum „Schaufenster" für die Verschmelzung der Kulturen – und diese Eigenschaft hat sich die Stadt bis heute bewahrt. Die Ubier nahmen ihre römischen Vorbilder an, dachten wie sie, lebten wie sie. Wohlstand und südliche Lebensart hielten Einzug. Bis die Franken kamen. Ende 355 fällt auch Köln in ihre Hände, wird verwüstet und geplündert. Zwar gelingt schon kurze Zeit später die Befreiung, Köln jedoch verliert seinen Nimbus, wird zum unbequemen Aufenthaltsort und – schlimmer noch – für ein halbes Jahrtausend an den Rand der Geschichte gedrückt …

Das Mittelalter indes sollte für die Stadt alles andere als dunkel werden. Um 950 beginnt das große Zeitalter des romanischen Kirchenbaus. Zwölf große Gotteshäuser legen sich wie eine Perlenkette um den „Alten Dom", vereinen auf nur wenigen Quadratkilometern im „Rom des Nordens" alle Phasen romanischer Baukunst. Sie begründen den Ruf des „hilligen" Köln. Vieltürmig baut sich dem Ankommenden ein „himmlisches Jerusalem" auf.

Die Macht der Kirche – die Erzbischöfe gaben den Ton an – wie der aus dem Handel erworbene Reichtum der Bürger führten zu einer regen Bautätigkeit. Colonia wurde zur größten wie reichsten Stadt nördlich der Alpen. Die Überführung der Reliquien der Heiligen Drei Könige aus Mailand 1164 machte die Stadt zum geistlichen, die Gründung der Universität 1388 zum geistigen Zentrum.

Selbstbewußt drängte die Bürgerschaft inzwischen auf Selbstverwaltung, emanzipierte sich vom Erzbischof als Stadtherrn. Als Erzbischof Anno II. (1056–1075) das Handelsschiff eines Kölner Kaufmanns beschlagnahmen ließ, um es für eigene Zwecke zu gebrauchen, jagte man ihn kurzerhand aus der Stadt. Mit der Schlacht von Worringen 1288 war Köln für den Erzbischof endgültig verloren und wurde – erst 1475 auch offiziell – freie Reichsstadt. Eine Verfassung gab es schon 1396: Der „Verbundbrief" war im weitesten Sinne demokratisch und für 400 Jahre bis zum Einmarsch der Franzosen das Kölner Grundgesetz.

Der Rest ist schnell erzählt: Geliebt wurden weder die französischen Eroberer noch die preußischen Besatzer. Beiden ließen sich jedoch positive Seiten abgewinnen. Auf dem Humus der Säkularisierung entstanden die bürgerlichen Sammlungen mittelalterlicher Kunst, die mit Namen wie Boisserée, Ferdinand Wallraf und Heinrich Richartz verbunden sind. So tragen denn die Kölner Museen bis auf den heutigen Tag den Namen ihrer Sammler und Stifter: Wallraf-Richartz, Schnütgen, Rautenstrauch-Joest, Haubrich und Ludwig.

Als dann die Preußen 1815 auch das Rheinland im Paradeschritt regieren wollten, persiflierten die Kölner das militärische Gebaren, nannten es fortan Karneval. Und vermutlich wäre der Kölner Dom immer noch ein Torso, hätte ihn nicht Preußenkönig Friedrich Wilhelm IV. bei der Grundsteinlegung zum Weiterbau 1842 zum nationalen Symbol erhöht. Die Entwicklung im 18. Jahrhundert hatte die Stadt verschlafen. Doch in der ersten Hälfte des 19. Jahrhunderts ergänzten Schornsteine die städtische Skyline, Textil-, Chemie- und Maschinenindustrie siedelten sich an. Währenddessen wuchs die Stadt weiter, sprengte 1881 ihre mittelalterlichen, sieben Kilometer langen Stadtmauer-Fesseln und legte nach Wiener Vorbild die Neustadt mit einem radialen Straßensystem an. Drei Stadttore wurden neben dem Bayenturm und der Ulrepforte in die Neuzeit hinübergerettet: das Severinstor am Chlodwigplatz im Süden, das Hahnentor am Rudolfplatz im Westen sowie das Eigelsteintor im Norden. Heute nimmt der Bereich der mittelalterlichen Stadt, in der sich die meisten Köln-Touristen bewegen, gerade einmal ein Prozent des Stadtgebiets ein.

Konrad Adenauer hat als Oberbürgermeister von 1917 bis 1933 das Bild Kölns entscheidend mitgeprägt. Auf seiner Haben-Seite stehen die Wiedereröffnung der von den Franzosen 1798 geschlossenen Universität, die Gründung der Messe, die Ansiedlung der Autofirma Ford und nicht zuletzt das Anlegen der Grüngürtel rund um die Stadt. Heute prägen begrünte Hügel Teile des inneren Gürtels. Trümmerberge! 78 Prozent der Stadt lagen 1945 in Schutt und Asche. Nur der Dom ragte wie ein Skelett als Zeichen der Hoffnung aus der Ruinenlandschaft heraus.

Auch ein Zeichen der Hoffnung war der Nachkriegs-Wiederaufbau der zerstörten romanischen Kirchen, der sich bis in die achtziger Jahre hinzog. Das Zeughaus und der Ratsturm mit seinem Figurenprogramm zur Stadtgeschichte stehen für den gelungenen Wiederaufbau der Profanbauten. Für das Selbstverständnis der Stadt unverzichtbar. Mit dem Neubau des Museums Wallraf-Richartz im Spannungsfeld zwischen Alt St. Alban und dem Gürzenich schließlich wird nun zur Jahrtausendwende die letzte Kriegswunde im historischen Köln beseitigt sein.

In 1996 a sensational find was made. While inspecting a city-centre building site, the Cologne conservation authority came across the remains of a columned hall forming a gigantic semi-circle 120 metres in diameter. It was part of the Roman forum, probably the centrepiece of the Roman town Colonia Claudia Ara Agrippinensis. The archaeologists found five plinths which once supported the lower-storey ceiling of the portico, the stump of a column and remains of the external walls. Within a few days the finds had been cleared away, and the forum remains had to make way for a new building. There were no funds available to preserve the finds on the original site. The city razed its historical heritage. Nobody who digs a hole in the city centre can escape the Romans - and thus the conservationists, who sometimes stay for months, leaving no stone unturned in their efforts to cast more light on the Roman period. A great deal remains unresearched. The Roman town of the early centuries AD was Cologne's first significant urban settlement. In the Middle Ages, under the Salic and Staufen emperors, the city grew to a size and beauty which led people to mention it in the same breath as Rome and Paris. The Stapelrecht – a law stipulating that all goods transported through the town must be offered to its citizens for sale for three days before continuing on their way – and the wine trade ensured prosperity.

But first things first: the oldest signs of human habitation – a neolithic village of ribbon-ware pottery makers – were discovered in the Lindenthal district. However, the city's official history begins with the Ubians, a Germanic tribe, the earliest traces of whose settlement were uncovered near the Burgmauer, in the shadow of the Cathedral towers. In around 53 BC the original inhabitants of Cologne fought successfully alongside Julius Caesar's army against the Eburonians, who had settled on the left bank of the Rhine. Marcus Agrippa, commander in the service of the expanding Roman Empire, founded the Oppidum Ubiorum on an elongated plateau which was safe from flooding. Its southern border can still be clearly recognised by the differences in level from Mühlenbach, Blaubach and Rothgerberbach streets. This Ubian town was the birthplace of Agrippina, the wife of Emperor Claudius and the real founder of the city in 50 AD. A city wall was built, four kilometres long with nine gates and 22 towers. To this day some remains of the wall and the Römerturm (Roman Tower), the north-west corner tower of the city battlements, defiantly brave the streams of traffic in Zeughausstrasse. For the Ubians it was the end of an era. Amidst a lively population mix from Rome, Greece and Asia Minor, streets and stone houses were built. An 80-kilometre-long water pipe supplied the 15,000 people of what was now Colonia with fresh water from the Eifel hills, while a sophisticated system of channels took care of drainage. The Römisch-Germanisches Museum on Roncalliplatz conveys a vivid picture of everyday life in ancient Cologne. The 15-metre tombstone of the legionary Poblicius and the colourful Dionysos Mosaic testify to the Roman predilection for grand, prestigious monuments.

Cologne became a "shop window" for the merging of cultures – a characteristic which the city has retained to this day. The Ubians accepted the Romans, followed their example, thought like them and lived like them. Solid affluence and southern lifestyle moved in – until the arrival of the Franks, who towards the end of 355 conquered, devastated and plundered Cologne. Shortly afterwards the city regained its freedom, but it had lost its aura and become an uneasy place to stay. Worse still, for five hundred years it was relegated to the fringes of history...

However, the Middle Ages were to be anything but dark for the city. Around 950 began the great century of Romanesque church-building. Twelve great basilicas are strung like pearls around the "Old Cathedral," uniting in the space of a few kilometres all phases of Romanesque architecture in what had become the "Rome of the North." These churches are the origin of Cologne's reputation as a "holy" city, their many towers confronting the arriving traveller with an aspect comparable with the "heavenly Jerusalem."

The power of a church in a city where the archbishops set the tone, combined with the wealth its citizens earned from commerce, gave rise to a great deal of building activity. Colonia became the largest and richest city north of the Alps. The transfer from Milan in 1164 of the relics of the Magi turned the city into a religious centre, while the founding of the university in 1388 made it an intellectual one.

Meanwhile its citizens were pressing for self-administration, and succeeded in emancipating themselves from the archbishop's overlordship. When Archbishop Anno II (1056–1075) had the trading ship of a Cologne merchant seized in order to use it for his own ends, he was summarily chased out of the city. With the Battle of Worringen in 1288 Cologne was finally lost to the archbishops. Although it was not officially declared a free imperial city until 1475, its constitution dated back to 1396. This constitution, known as the Verbundbrief, was in the broadest sense democratic and formed Cologne's basic law for 400 years until the French invasion.

Nicht nur die Römer hinterließen in Köln Spuren, sondern auch das Mittelalter: hier die Stadtmauer am Gereonswall.

Not only the Romans made their mark on Cologne; so did the Middle Ages: the city walls on Gereonswall.

Il n'y a pas que des vestiges romains à Cologne; le Moyen Age, lui aussi, est présent, comme ici, avec les enceintes de la ville au Gereonswall.

The rest can be told quickly. Neither French conquerors nor Prussian forces of occupation were popular, though Cologne managed to benefit from the positive sides of both. The fertile soil of secularisation gave birth to the bourgeois collections of mediaeval art linked with names like Boisserée, Ferdinand Wallraf and Heinrich Richartz. To this day Cologne's museums bear the names of their collectors and founders – Wallraf-Richartz, Schnütgen, Rautenstrauch-Joest, Haubrich and Ludwig.
In 1815 when the Prussians tried to rule the Rhineland by goose-step methods, the people of Cologne satirized their military behaviour, immortalising it as Carnival. And Cologne Cathedral would probably still be a torso had not King Friedrich Wilhelm IV of Prussia elevated it to a national symbol by laying the foundation stone for its continued building in 1842. The city seemed to have slept through the developments of the 18th century. However, in the first half of the 19th century chimneys began to adorn its skyline, as textile, chemical and engineering industries established themselves. Meanwhile Cologne continued to grow. In 1881 it burst the fetters of its seven-kilometre-long mediaeval wall and, following the example of Vienna, built the Neustadt (New Town) with its radial street layout. In addition to the Bayenturm tower and the Ulrepforte, three city gates were saved for posterity – the Severinstor on Chlodwigplatz to the South, the Hahnentor on Rudolfplatz to the West, and the Eigelsteintor in the North. Nowadays the site of the mediaeval town, the part which most tourists visit, covers just one per cent of the total city area.
From 1917 to 1933 the city's image was decisively stamped by Konrad Adenauer, its mayor. To him Cologne owes the reopening of its university, which the French had closed in 1798, the inauguration of its trade fair, the advent of the Ford car company and not least the green belt around the city. Nowadays parts of the inner belt are marked by green hills too – vegetation-covered heaps of rubble! In 1945 seventy-eight per cent of the city lay in ruins, with the skeleton-like Cathedral towering as a sign of hope out of the ruined landscape.
A further sign of hope was the post-war reconstruction of the destroyed Romanesque churches, which was not completed until the 1980s. The Zeughaus and Ratsturm with its figures depicting the city's history are examples of the successful reconstruction of secular buildings, essential for the city's self-image. Now, at the turn of the millennium, the new Wallraf-Richartz Museum building in the area between Alt St Alban and the Gürzenich has healed the last war wound in historic Cologne.

La découverte, en 1996, fut sensationnelle: en inspectant une fouille de construction au centre-ville, des responsables de la sauvegarde du patrimoine foncier historique tombèrent sur les vestiges d'un portique du forum romain. Il était disposé en un gigantesque demi-cercle de 120 mètres de diamètre et constituait, selon toute probabilité, le cœur de la «Colonia Claudia Ara Agrippinensis». Les archéologues exhumèrent cinq socles étayant le plafond du sous-sol du portique, un tronc de colonne ainsi que plusieurs restes des murs extérieurs. Peu de jours après la découverte, ces témoins du passé avaient déjà été enlevés, les vestiges du forum ayant dû faire place à une nouvelle construction. L'argent nécessaire au maintien de ce site archéologique à l'emplacement d'origine manquait tout simplement. La municipalité avait démantelé son héritage historique.
Quiconque creuse un trou au cœur de la cité se heurtera inévitablement aux Romains, de même, d'ailleurs, qu'aux responsables de la sauvegarde du patrimoine historique. Ces derniers restent sur place, parfois même des mois durant, tournant et retournant le moindre caillou afin d'éclairer d'une lumière encore plus vive la période romaine. En effet, beaucoup de choses restent à découvrir. La cité romaine des premiers siècles après J.C. fut la première expression concrète et importante de la ville de Cologne. Sous le règne des empereurs saliens et des Hohenstaufen, la cité prit une ampleur telle et était de si grande beauté qu'on n'hésitait pas, alors, à la comparer à Rome et à Paris. Le «droit de stockage» – toutes les marchandises passant par la ville devaient être proposées aux citoyens de Cologne avant d'être acheminées vers d'autres destinations – mais aussi le commerce du vin lui valurent la prospérité.
Mais venons-en aux faits historiques dans l'ordre chronologique: c'est dans le quartier de Lindenthal que furent découverts les plus anciens vestiges de la colonisation de la ville par l'homme – un hameau remontant au néolithique et habité par des fabricants de céramique rubanée. L'histoire officielle de la cité ne commence toutefois qu'après l'apparition du peuple germanique qu'étaient les Ubiens. C'est à l'ombre des tours de la cathédrale, le long de l'enceinte du château fort que furent découverts les plus anciens témoignages de leurs lotissements. Aux environs de l'an 53 avant J. C., les habitants primitifs de Cologne combattirent aux côtés des légionnaires de César, infligeant plusieurs défaites aux Eburons établis sur la rive gauche du Rhin. Marcus Agrippa, général romain au service de l'Imperium Romanum, alors en pleine expansion, fonda «l'Oppidum Ubiorum», sur un plateau de forme oblongue, inaccessible aux inondations. Sa limite sud est, aujourd'hui encore, aisément reconnaissable à travers les différences de niveau existant entre le plateau et le tracé routier Mühlenbach-Blaubach-Rothgerberbach. C'est dans cette cité, où s'étaient établis les Ubiens, que naquit Agrippine, épouse de l'empereur Claude, la véritable fondatrice de la ville en l'an 50 de notre ère. Un mur d'enceinte, de 4 kilomètres de long, doté de 9 portes et de 22 tours fut érigé. Des vestiges de ce mur ainsi que la tour d'angle se dressant sur le côté nord-ouest des anciennes fortifications, bravent aujourd'hui encore le flux incessant de la circulation. Pour les Ubiens, cela marque un tournant décisif: des rues et des maisons de pierres furent construites au beau milieu de ce melting-pot de peuples venus de Rome, de Grèce et d'Asie mineure. Un aqueduc de 80 kilomètres de long approvisionnait les 15 000 habitants de la colonie romaine en eau fraîche descendant des monts de l'Eiffel, de même qu'un système de canalisations très élaboré en assurait le drainage. Le Musée romain-germanique bordant la Place Roncalli évoque de manière captivante la vie quotidienne de la Cologne antique. Le mausolée de 15 mètres de hauteur, élevé à la mémoire du légionnaire Poblicius ainsi que la Mosaïque de Dionysos aux somptueuses couleurs, témoignent du goût des Romains pour la représentation monumentale.
Cologne devint la «vitrine» du brassage des diverses cultures et cette ville a su préserver cette faculté d'intégration jusqu'à nos jours. Les Ubiens adoptèrent les Romains en tant que modèles, leur façon de penser, leur mode de vie. Une réelle prospérité ainsi qu'un art de vivre tout méridional firent leur entrée dans la cité. Jusqu'à ce qu'apparaissent les Francs. En 355, Cologne tombe aux mains de ces derniers, la ville est dévastée et mise à sac. Cologne réussit peu de temps après, certes, à secouer le joug des Francs, mais elle perd son auréole et devient un lieu de résidence inconfortable. Pis encore: elle demeurera pendant 500 ans en marge de l'histoire.

Der Römerturm an der Zeughausstraße, die nordwestliche Ecke der einstigen römischen Stadtmauer.

The Roman Tower, on Zeughausstrasse, the northwest corner of the former Roman city walls.

La tour romaine dans la Zeughausstraße, l'angle nord-ouest de l'ancienne enceinte romaine.

Pour la ville de Cologne, le Moyen Age ne devait, toutefois, nullement s'avérer une période obscure. C'est vers 950 que débute le siècle grandiose de la construction des cathédrales romanes. Douze grandes basiliques s'enchaînent, telles les perles d'un collier, autour de la «vieille cathédrale» condensant, sur quelques kilomètres carrés, toutes les phases de l'architecture romane au cœur de la «Rome du nord». Elles fondent la réputation de la «ville sainte» de Cologne. Leurs nombreuses tours s'élançant vers le ciel accueillent le visiteur, telle une «Jérusalem céleste».

Le pouvoir exercé par l'Eglise – les archevêques donnaient alors le ton – ainsi que la prospérité que le commerce avait value aux Colonais engendrèrent une intense activité dans le domaine de la construction. Colonia devint la plus importante et la plus riche des villes situées au nord des Alpes. Les reliques des Trois Rois Mages rapportées de Milan en 1164, firent de la ville un centre spirituel, la fondation de l'université en 1388 un foyer intellectuel.

Am Kaiser-Wilhelm-Ring vermittelt eine um die Jahrhundertwende angelegte, großzügige Grünfläche etwas vom Glanz einstiger Zeiten.

The Kaiser-Wilhelm-Ring, with its generous, turn-of-the-century expanse of greenery conveys some idea of the majesty of times past.

Sur le Kaiser-Wilhelm-Ring, un large îlot de verdure, datant du tournant du siècle, rappelle au visiteur un peu de la grandeur des jours d'antan.

Consciente de sa propre valeur, la bourgeoisie réclamait, entretemps, l'autonomie administrative, s'émancipant de l'archevêque en qualité de premier magistrat. Lorsque l'archevêque Anno II (1056–1075) fit réquisitionner à des fins personnelles le navire marchand d'un négociant de Cologne, il fut chassé de la ville sans autre forme de procès. A l'issue de la bataille de Worringen, qui eut lieu en 1288, l'archevêque dut renoncer définitivement à Cologne. Toutefois, ce n'est qu'en 1475 que la ville obtint officiellement le statut de ville libre d'empire. Dès 1396, elle s'était donné une constitution appelée «Verbundbrief», constitution démocratique au sens le plus large du terme et qui tint lieu de loi fondamentale aux Colonais pendant 400 ans jusqu'à ce que les Français pénètrent dans la ville.

Le reste est vite raconté: les envahisseurs français furent aussi impopulaires que les occupants prussiens. Mais les uns et les autres ne sont pas sans avoir eu certains côtés positifs. Sorties de l'humus de la sécularisation, les collections bourgeoises d'art médiéval purent ainsi voir le jour, collections aux noms illustres, telles celles de Boisserée, Ferdinand Franz Wallraf et Heinrich Richartz. Ainsi les musées de Cologne portent-ils jusqu'à nos jours le nom de leurs collectionneurs et fondateurs: Wallraf-Richartz, Schnütgen, Rautenstrauch-Joest, Haubrich et Ludwig.

Lorsque, en 1815, les Prussiens entendirent mettre la Rhénanie au pas de parade, les Colonais tournèrent en ridicule cette pratique militaire, la dénommant carnaval à partir de ce moment. La cathédrale serait d'ailleurs probablement encore à l'état d'ébauche aujourd'hui si le roi de Prusse, Frédéric Guillaume IV n'en avait fait un symbole national en posant la première pierre de la reprise des travaux de construction. Le XVIIIe siècle et ses progrès passèrent inaperçus de Cologne. Au cours de la première moitié du XIXe siècle, des cheminées d'usine apparurent toutefois dans le paysage urbain et des entreprises de l'industrie textile, de la chimie et de la construction mécanique s'implantèrent à Cologne, complétant la silhouette de la cité. Pendant cette période, la ville continua de s'étendre, et, en 1881, finit de briser les chaînes que représentaient les sept kilomètres de murs d'enceinte moyenâgeux. On construisit la Neustadt (Ville nouvelle), en y aménageant, à l'instar de Vienne, un système de voies radiales. Non seulement la Bayenturm et la Ulrepforte mais aussi trois autres portes de la ville furent sauvegardées jusqu'à nos jours: la Severinstor sur la Chlodwigplatz, au sud, la Hahnentor, sur la Place Rudolf, à l'ouest ainsi que la Eigelsteintor, au nord. Aujourd'hui la partie médiévale de la cité où l'on rencontrera la majorité des touristes en visite à Cologne, représente à peine 1% du territoire de la municipalité.

Konrad Adenauer a marqué Cologne, dont il fut premier bourgmestre de 1917 à 1933, de son empreinte indélébile. Parmi ses mérites il convient de noter la réouverture de l'université, fermée par les Français en 1798, l'instauration de la foire, l'implantation de la firme automobile Ford et, notamment, l'aménagement de la ceinture verte circonscrivant la ville. La physionomie de certaines parties de la ceinture intérieure est déterminée aujourd'hui par de petites collines verdoyantes qui ne sont autres que les anciennes montagnes de décombres. En 1945, 78% de la ville étaient réduits en cendres. Seule la cathédrale dressait encore, en signe d'espoir, sa silhouette squelettique au-dessus du paysage de ruines qui l'entourait.

Un de ces signes d'espoir fut également la reconstruction, après-guerre, des églises romanes anéanties, reconstruction qui se poursuivit jusque dans les années 80. Le Zeughaus (Arsenal) ainsi que le beffroi de l'hôtel de ville avec ses personnages illustrant l'histoire de la ville, sont autant de symboles d'une reconstruction réussie des édifices profanes. Chose indispensable à l'image que se fait la ville d'elle-même. La nouvelle construction du Musée Wallraf-Richartz, contrastant avec l'église Alt St. Alban et le Gürzenich, aura finalement contribué à faire disparaître, d'ici la fin du siècle, les dernières blessures que la guerre a laissées dans la ville historique de Cologne.

Vor den Toren der Stadt, an der Aachener Straße in Weiden, liegt diese eindrucksvolle römische Grabkammer aus der Mitte des 2. Jahrhunderts. Die Nischen in den Tuffsteinblöcken deuten auf Urnenbestattung hin. Erst im 3. Jahrhundert wurde der Marmorsarkophag für die Körperbestattung angefertigt.

Just outside the city, on Aachener Strasse in Weiden, this impressive second-century Roman burial chamber came to light. The alcoves in the blocks of stone would appear to indicate that the dead were cremated and their ashes kept in urns. The marble sarcophagus for the corpse was a later, third-century development.

Aux portes de la ville, dans la Aachener Straße à Weiden, on peut contempler cette impressionnante chambre mortuaire romaine de la seconde moitié du IIe siècle. Les alcôves dans les blocs de pierre en tuffeau indiquent que des urnes recueillaient les cendres des morts. Ce n'est qu'au IIIe siècle que l'on a fabriqué le sarcophage en marbre.

In der südlichen Verlängerung des Römisch-Germanischen Museums führt eine Treppe hinab zu den Resten einer römischen Straße. Das Straßenpflaster ist für jedermann begehbar. Die Spuren des einstmals regen Handelsverkehrs auf dieser Hafenstraße sind noch heute zu erkennen.

At the southern end of the Römisch-Germanisches Museum a staircase leads down to the remains of a Roman road. Visitors are at liberty to walk on the cobbles. Traces of what used to be busy traffic on this road to the port can still be seen.

Du côté sud du Musée romain-germanique, un escalier mène aux vestiges d'une voie romaine où tout le monde peut en toute liberté se promener. Les traces qu'a laissées la circulation des commerçants, autrefois très dense, sur cette rue allant jusqu'au port sont encore reconnaissables.

Kristallisationspunkt in der Südstadt: Rund um das Severinstor am Chlodwigplatz, eines von drei erhaltenen Stadttoren des mittelalterlichen Kölns, hat sich eines der lebendigsten Stadtviertel kölscher Lebensart entwickelt. Im Gegensatz zu Eigelsteintor und Hahnentor wirkt das Severinstor an der südlichen Ausfallstraße des römischen Kölns steiler und schlanker.

A Südstadt rendezvous. Around the Severinstor on Chlodwigplatz, one of three surviving mediaeval city gates, one of the liveliest areas in the city has taken shape. In contrast to the Eigelsteintor and the Hahnentor, the Severinstor on the southern perimeter of Roman Cologne looks steeper and more slender.

Un lieu de rencontre dans la «Südstadt»: Autour de la «Severinstor» sur la Chlodwigplatz, là où se dresse encore l'une des trois portes médiévales de la ville, un quartier de l'art de vivre typique de Cologne s'est développé. La «Severinstor» sur la sortie sud de la Cologne romaine semble plus raide et plus élégante que la «Eigelsteintor» et la «Hahnentor».

KÖLNER BANK
HUMANA

Ältester Park der Stadt ist der Stadtgarten. Köln war lange Zeit ein Stiefkind der Außengastronomie. Das hat sich gewaltig geändert. Heiß begehrt sind die Sitzplätze des Biergartens im südlichen Teil des Areals. Vor allem in der Jazz-Szene hat der „Stadtgarten" einen guten Klang – weit über die Stadt hinaus.

The Stadtgarten is the city's oldest park. Cologne was slow to take up the idea of serving food and drink outdoors, but those days are long gone. There is a brisk demand for seats in the beer garden here, and the Stadtgarten is a name held in high repute far and wide as a jazz venue.

Le «Stadtgarten» («jardin public») est le plus ancien parc de la ville. Cologne n'a longtemps pas eu l'idée de servir des nourritures et des boissons à l'extérieur, mais ceci a bien changé. Les places assises du «Biergarten» dans la partie sud du parc y sont très convoitées, et, dans les milieux du jazz, le «Stadtgarten» a su se faire un grand nom.

Eine Idylle in Sülz: Das Weißhaus an der Luxemburger Straße erinnert an ein Wasserschloß und war einst Sommerresidenz der Benediktiner-Äbte von St. Pantaleon. Der älteste Teil des Bauwerks, ein achtseitiger Turm, stammt aus dem 17. Jahrhundert.

An idyll in Sülz. The Weisshaus, or White House, on Luxemburger Strasse looks like a moated castle and used to be the summer palace of the Benedictine abbots of St Pantaleon. The oldest part of the building, an octagonal tower, dates back to the seventeenth century.

Une idylle à Sülz. La «Weißhaus» dans la Luxemburger Straße évoque la forme d'un château d'eau et fut à l'origine la résidence d'été des abbés bénédictins de St. Pantaleon. La partie la plus ancienne de l'édifice, une tour octogonale, date du XVIIe siècle.

Niemand der heute Lebenden wird den Dom jemals ohne Gerüst sehen.“ Arnold Wolff muß es wissen. Er ist der Dombaumeister. Fast 100 Mitarbeiter in der Dombauhütte hören auf sein Wort. Es wird Jahrzehnte dauern, bis allein die noch verbliebenen Kriegsschäden – für jedermann sichtbar ist die Ziegelplombe am Strebepfeiler des Nordturms, die nach der Jahrtausendwende beseitigt werden soll – behoben sind. Ein Job auf Lebenszeit also. Vorausgesetzt man ist schwindelfrei. Ganze Bauteile müssen ersetzt, Dächer und Rinnen erneuert, Glas- und Wandgemälde restauriert werden. Wind und Wetter, tückische Fallwinde vor allem, aber auch Abgase und saurer Regen setzen dem Gestein mächtig zu. Ein Dreivierteljahrtausend hat der Dom mittlerweile auf seinem Buckel, 632 Jahre davon war er Baustelle.

Wer in die Kölner Geschichte eindringen will, muß in die Tiefe bohren. Auch im Dom. Dort wird nach den Spuren seiner Vorgeschichte gegraben. Mit Erfolg. Viele Kölner müssen sich nun von der vertrauten Vorstellung trennen, daß Erzbischof Hildebold den vorgotischen „Alten Dom“ erbaute. Heute weiß man, daß erst 30 Jahre nach seinem Tod (818) mit dem Bau der karolingischen Kirche begonnen wurde. Der erste Bau war auch dies nicht: Bereits um 313 soll der erste Kölner Bischof, Maternus, den Bau einer Kirche im heutigen Dombereich vorangetrieben haben. Nach einem Brand legte Erzbischof Konrad von Hochstaden 1248 den Grundstein für den gotischen Dom. Das war auch nötig. Denn seitdem Rainald von Dassel, Kanzler Barbarossas, 1164 als Kontribution die Gebeine der Heiligen Drei Könige aus Mailand mit an den Rhein gebracht hatte, strömten die Pilger in die Stadt. Der Dombau war ein kühner Aufbruch zu neuen Ufern. Hunderte von Steinmetzen, Maurern, Bleigießern, Schmieden und Zimmerleuten schufen ein scheinbar schwereloses, dem Irdischen enthobenes Bauwerk. (Heute behauptet sich der Dom nur noch knapp als höchstes Gebäude der Altstadt.) Weit kam man beim Bau indes nicht. 1560 wurden die Arbeiten an der einst größten Baustelle des Abendlandes wegen finanzieller Engpässe eingestellt. Was blieb, waren ein Torso und ein Holzkran auf dem Südturm, der bis weit ins 19. Jahrhundert als Wahrzeichen der Stadt galt. Erst Preußenkönig Friedrich Wilhelm IV. belebte das Bauprojekt 1842 wieder. 1880 war der Dombau vollendet. Ausgerechnet. Denn Köln stand ohne Erzbischof da. Den hatte man verbannt. Und bevor Kaiser Wilhelm I. zur Einweihung in den Dom fuhr, besuchte er einen Dankgottesdienst in der evangelischen Trinitatiskirche.

Das Ergebnis ist noch heute atemberaubend: himmelstürmendes Gestein mit Spitzbögen und Ziergiebeln, Dachreitern und Strebepfeilern. Ein Meisterwerk stilreiner hochgotischer Bauweise mit der Auflösung der Wände in Fensterflächen, der zweitürmigen Westfassade, dem fünfschiffigen Langhaus, dem dreischiffigen Querhaus sowie dem Rundchor mit seinen sieben Kapellen im Osten. Allein der Dachfirst des Langhauses ragt 61 Meter in die Höhe. Da fänden selbst die Türme der Moskauer Basilius-Kathedrale mühelos im Inneren Platz.

Der gewaltige Kirchenbau von 144 Meter Länge und 86 Meter Breite beherbergt unzählige Schätze: den sechs Zentner schweren Dreikönigsschrein, das Gerokreuz, den Klarenaltar oder den „Altar der Kölner Stadtpatrone“ von Stefan Lochner (um 1445). Bis zu drei Millionen Besucher zählt der Dom im Jahr. Viele gucken, einige beten. Nur ein Bruchteil von ihnen weiß, daß der Kranz der zwölf romanischen Kirchen viel älter und für die Stadtgeschichte prägender war als der Dom. St. Pantaleon ist die älteste romanische Kirche, St. Kunibert die jüngste. 1247, also noch ein Jahr vor der Grundsteinlegung des Doms, wurde sie geweiht. Welch ein Glück, daß im 16. Jahrhundert der Wohlstand für Köln endete. So fehlte auch das Geld, um die romanischen Kirchen barock umzugestalten. Erhalten ist somit ein weltweit einzigartiger Schatz. Wer den Weg über die Verkehrsschneise am Heumarkt schafft, gelangt zu St. Maria im Kapitol, wohl die vornehmste wie auch – neben St. Gereon mit seinem Dekagon – die eindrucksvollste unter den zwölf romanischen Schwestern. Eine Oase der Stille und der Kontemplation inmitten des Großstadtrummels. Der Kleeblatt-Chor war Vorbild für St. Martin und St. Aposteln am Neumarkt. Im Herbst des Mittelalters war St. Maria im Kapitol die Stadtkirche Kölns. Sehenwert sind die mächtigen Holztüren aus der Zeit um 1050 an der Westwand des südlichen Seitenschiffs. Am östlichen Ende des nördlichen Seitenschiffs führt eine Treppe hinunter in die Krypta. Sie erinnert an den Kaiserdom in Speyer und atmet salischen Geist. Trotz aller baulichen Vielfalt haben die romanischen Kirchen Gemeinsamkeiten: Das Kirchenschiff ist in der Regel eine Basilika, an

Blick nach Osten in den lichtdurchfluteten Dom. Die Gewölbe des Langhauses erreichen eine Höhe von 43 Metern.

Vue to the east into Cologne Cathedral bathed in light. The vaults of the nave are up to 43 metres high.

L'intérieur lumineux de la cathédrale vu de l'Ouest à l'Est. Les voûtes de la nef atteignent une hauteur de 43 mètres.

die sich im Westen ein machtvoller Raum mit einem Turm anschließt. Die Chor- und Vierungsanlagen im Osten wurden als „Schaufenster" zum Rhein oder zu den bedeutenden Plätzen der Stadt hin prachtvoll gestaltet.

Und damit noch einmal zurück zum Dom: Der schönste Blick über die Altstadt, den Fluß und das Bergische Land bietet sich vom Südturm. 509 Stufen führen zur beinahe 100 Meter hohen Aussichtsplattform. Der mühsame Aufstieg über die steinerne Wendeltreppe wird mit einer grandiosen Sicht belohnt. Über den silbrig glänzenden Rhein hinweg findet das Auge erst am Horizont, den hügeligen Ausläufern des Bergischen Landes, Halt.

Der „Klarenaltar", der sich im nördlichen Seitenschiff des Doms befindet, stammt aus der Zeit um 1350. Dieser sogenannte „Sakramentsaltar" ist der älteste in Deutschland. In ihm wird das Allerheiligste Altarsakrament (Hostie) im Tabernakel, einem speziell dafür vorgesehenen Behälter, der sich in der Mitte des Altars befindet, aufbewahrt.

The Klarenaltar in the Cathedral's northern transept dates back to about 1350. It is the oldest sacramental altar in Germany. The host, or Blessed Sacrament, is kept in the tabernacle, an ornamental locked box fixed to the middle of the altar.

L'autel Klaren qui se trouve dans la nef latérale Nord de la cathédrale fut réalisé aux environs de l'année 1350. L'hostie, le Saint-Sacrement, y est conservée dans le Tabernacle, petite armoire spécialement prévue à cet effet, qui se trouve au milieu de l'autel. C'est le plus ancien autel de ce type en Allemagne.

"Nobody alive today will ever see the Cathedral without scaffolding." Arnold Wolff must know. He is the man in charge of cathedral building works with nearly 100 workers at his beck und call. It will take decades just to make good remaining war damage, the most obvious of which is the patch of brickwork on the buttress of the north tower, due to be restored after the millennium. There is a job for life here, providing heights do not make you dizzy. Whole sections have to be replaced, roofs and gutters renewed, glass-paintings and murals restored. Wind and weather, especially treacherous fall winds, toxic emissions and acid rain are badly affecting the masonry. The Cathedral has survived for three-quarters of a millennium, for 632 years of which it was a building site.

To penetrate Cologne's history one has to dig deeply – even in the Cathedral, where archaeologists are searching for traces of its predecessors. Their efforts have been rewarded, and many Cologne people must say goodbye to the familiar idea that the pre-Gothic "Old Cathedral" was built by Archbishop Hildebold. We now know that building of the Carolingian church was not begun until 30 years after his death in 818. Nor was it the first building on this site. Maternus, first bishop of Cologne, is thought to have ordered the building of a church in the precincts of the present-day Cathedral as long ago as 313 AD. In 1248, after a fire, Archbishop Konrad von Hochstaden laid the foundation stone of the Gothic cathedral. It was a necessary act, for pilgrims had been flooding to the city ever since Rainald von Dassel, chancellor to Emperor Friedrich Barbarossa, had brought the bones of the Magi from Milan to the Rhine as a gift. The building of the cathedral was a bold departure for new horizons. Hundreds of stonemasons, bricklayers, lead workers, smiths and carpenters worked to construct an apparently weightless building which seems removed from the realms of Earth. (Nowadays the Cathedral only just manages to retain its place as the tallest building in the old city centre.) However, they did not make much progress, and in 1560 work on what had once been the largest building site in the western hemisphere was halted because of financial constraints. What was left was a torso and a wooden crane on the south tower, which remained the city's emblem until well into the 19th century, in fact until 1842, when King Friedrich Wilhelm IV of Prussia revived the building project. By 1880 the Cathedral building was finished – ironically, just at a time when Cologne was without an archbishop, theirs having been excommunicated. And before Kaiser Wilhelm I went to the official opening, he attended a thanksgiving service in the Protestant Church of the Trinity.

It is still a breathtaking building – soaring masonry with pointed arches and ornate gables, roof turrets and buttresses. It is a masterpiece of pure High Gothic architecture, with walls which merge into windows, a twin-towered west front, a quintuple-aisled nave, a triple-aisled transept and a circular choir with seven chapels in the east. From the ridge of the nave one looks down to the choir no fewer than 61 metres below. Even the towers of St Basil's Cathedral on Moscow's Red Square would fit in here with ease.

The 144-metre-long and 86-metre-wide church building houses numerous treasures: the six-hundredweight shrine of the Magi, the Gero Cross, the Klaren Altar or Stefan Lochner's Altar of the Patron Saints of Cologne, which dates back to around 1445. Up to three million people visit the Cathedral each year, many just to look, some to pray. Only a fraction of them know that the twelve Romanesque churches which wreathe the city are much older and far more influential in its history than the Cathedral. St Pantaleon's is the oldest of the Romanesque churches. The youngest, St Kunibert's, was consecrated in 1247, one year before the Cathedral's foundation stone was laid. It was very lucky that Cologne's period of prosperity ended in the 16th century, for it meant there was no money to refurbish the Romanesque churches in the Baroque style. As a result, a treasure unique in the world has been preserved. Those who manage to negotiate the

Die barocke Schmuckmadonna in der Marienkapelle des Doms ist bis heute ein Anziehungspunkt für viele Gläubige.

The Baroque Madonna in the cathedral's Chapel of St Mary still attracts many devout Catholics.

La madonne richement parée, de style baroque, se trouvant dans la Chapelle de la Vierge de la cathédrale, n'a cessé, jusqu'à aujourd'hui, d'attirer de nombreux croyants.

streams of traffic on Heumarkt reach St Maria im Kapitol, which – alongside St Gereon's with its decagon – is probably the most elegant and impressive of the twelve Romanesque sisters, an oasis of quiet and contemplation amidst the city hubbub. Its cloverleaf choir served as a model for St Martin's and St Aposteln on the Neumarkt. In the late Middle Ages St Maria im Kapitol was Cologne's parish church. Of particular interest are the massive wooden doors in the west wall of the south aisle, which date from around 1050. At the eastern end of the north aisle a staircase leads down into the crypt, which is reminiscent of the Imperial Cathedral in Speyer and very Salic in spirit. Despite their architectural diversity the Romanesque churches have some features in common. As a rule the nave is a basilica, joined to the West by a large space surmounted by a lantern-tower. The choir and crossing to the East were designed as a magnificent "shop front" facing the Rhine or the city's major squares.

And so back to the Cathedral: the best view of the old city centre, the river and the Bergisches Land region is from the south tower, where 509 steps lead up to an almost 100-metre-high viewing platform. The arduous climb up a stone spiral staircase is rewarded by a superb view across the silvery Rhine as far as the horizon and the foothills of the Bergisches Land.

St. Kunibert ist die jüngste der romanischen Kirchen. Geweiht wurde sie 1247, ein Jahr vor der Grundsteinlegung des Doms.

St Kunibert is the most recently built of the city's Romanesque churches. It was consecrated in 1247, a year before the foundation stone of the Cathedral was laid.

St. Kunibert est la plus récente des églises romanes. Elle fut consacrée en 1247, un an avant la pose des fondations de la cathédrale.

De ceux qui vivent aujourd'hui, personne ne verra jamais la cathédrale sans échafaudage». Arnold Wolff est bien placé pour le savoir. Il en est en effet le bâtisseur. Les quelque 100 ouvriers travaillant à la réfection de la cathédrale sont sous sa houlette. Il faudra encore des dizaines d'années pour rémédier aux dommages de guerre. Le plombage de briques de l'arc-boutant de la tour nord, nettement visible, devrait être enlevé au début du siècle prochain. L'œuvre de toute une vie, comme on le voit. A condition que l'on ne soit pas sujet au vertige. Des parties entières de l'édifice doivent être remplacées, des toits et des gouttières remis en état, des vitraux et des peintures murales restaurés. Les intempéries, mais avant tout les vents descendants fort insidieux, tout comme les gaz d'échappement et les pluies acides mettent la pierre à rude épreuve. La cathédrale plie l'échine sous 750 ans d'âge, dont 632 passés à l'état de chantier.

Quiconque désirera mettre au jour l'histoire de Cologne, devra fouiller ses profondeurs; cela vaut également pour la cathédrale. On y recherche actuellement les traces de son passé préhistorique. Et ces efforts se sont vus couronnés de succès. Nombre de Colonais devront donc renoncer à l'idée qui leur est si familière, selon laquelle l'archevêque Hildebold aurait fait ériger l'«Ancienne Cathédrale» qui remonte à la période d'avant le gothique. L'on sait aujourd'hui que la construction de cette église carolingienne ne commença que 30 ans après sa mort (818). Cet édifice religieux n'était d'ailleurs pas non plus le premier du genre: dès l'an 313, le premier évêque de Cologne, Maternus, aurait accéléré la construction d'une église située sur le terrain de l'actuelle cathédrale. C'est en 1248, après un incendie que l'archevêque Konrad von Hochstaden posa la première pierre de la cathédrale gothique. Force en était. En effet, les pélerins affluaient dans la ville depuis que Rainald von Dassel, chancelier de l'empereur Barberousse avait rapporté de Milan les reliques des Trois Rois Mages à titre de contribution. L'édification de la cathédrale fut le signe d'un audacieux renouveau. Des centaines de tailleurs de pierre, de maçons, de fondeurs de plomb, de forgerons, et de charpentiers créèrent ensemble un édifice apparamment libre de toute pesanteur, une œuvre délivrée de toute matérialité. (De nos jours, la cathédrale peut tout juste prétendre à être le plus haut bâtiment de la vieille ville.) Mais la construction n'avançait que lentement. En raison de difficultés financières, les travaux sur ces chantiers, les plus importants de tout l'Occident, avaient dû être interrompus en 1560. Il ne restait qu'un tronc et une grue de bois se dressant sur la tour sud qui tint lieu d'emblème à la ville jusque vers la fin du XIXe siècle. Ce n'est qu'en 1842, à l'instigation du roi Frédéric Guillaume IV de Prusse que le projet de construction fut repris. En 1880, la construction de la cathédrale était achevée. C'était bien le moment! En effet, Cologne se trouvait alors sans archevêque, le dernier en ayant été banni. Aussi l'empereur Guillaume Ier assista-t-il à une action de grâce en l'église protestante de la Trinité avant d'entrer dans la cathédrale dans le but de son inauguration.

Le fruit de tous ces efforts est aujourd'hui encore d'une prodigieuse beauté: une œuvre toute de pierre s'élançant à la conquête du ciel, dotée d'arcs en ogive, de gâbles, de lanterneaux et d'arcs-boutants. Un chef-d'œuvre de l'architecture, exécuté dans le style le plus pur du gothique flamboyant, avec des murs qui se fondent en vitraux, sa façade ouest à deux tours, sa nef et ses quatre bas-côtés, son transept et ses trois croisillons ainsi que le chœur circulaire doté de sept chapelles, à l'est. La vue plonge du faîte de la nef principale jusqu'au chœur, 61 mètres plus bas. Les tours de la cathédrale St-Basile à Moscou, trouveraient aisément place à l'intérieur.

Cet édifice religieux de 144 mètres de long et de 86 mètres de large abrite d'innombrables trésors: la châsse des Rois Mages qui pèse 300 kilos, le crucifix roman «Gerokreuz», l'autel Klaren ou «l'autel des saints patrons de la ville de Cologne», une œuvre de Stefan Lochner (vers 1445). La cathédrale accueille jusqu'à trois millions de visiteurs chaque année. Nombre d'entre eux ne font que la contempler, quelques-uns prient. Seul un petit pourcentage sait que les 12 églises romanes disposées en couronne sont bien plus anciennes que la cathédrale et plus détermi-

Der mächtige Vierungsturm von Groß St. Martin und der Ratsturm.

The mighty crossing tower of Gross St Martin and the Ratsturm.

L'imposante tour croisée de St-Martin-la-Grande et la tour de l'hôtel de ville.

nantes pour l'histoire de la ville. St. Pantaleon est la plus ancienne des églises romanes, St. Kunibert la plus récente. Elle fut consacrée en 1247, un an avant la pose de la première pierre de la cathédrale. Quelle aubaine que la prospérité de la ville de Cologne ait décliné au XVIe siècle! L'argent nécessaire au remaniement de ces églises romanes dans le style baroque manquait. Ainsi un trésor unique au monde a-t-il pu être préservé. Celui qui sera parvenu à traverser l'axe de circulation longeant le Heumarkt, se retrouvera face à l'église St. Maria im Kapitol (Ste-Marie-au-Capitole) qui, avec l'église St. Gereon est probablement la plus distinguée et la plus imposante des douze sœurs de style roman. Une oasis de paix et de recueillement au beau milieu de l'agitation urbaine. Le chœur, de forme tréflée, inspira la construction de l'église Groß St. Martin (église St-Martin-la-Grande) et de St. Aposteln (église des Saints-Apôtres). Vers la fin du Moyen Age, St. Maria-im Kapitol était encore l'église paroissiale de Cologne. Ses puissantes portes de bois, datant de 1050, sur la façade ouest de la nef latérale, sont absolument remarquables. Situé à l'extrémité est de la nef latérale nord, un escalier mène à la crypte. Celle-ci rappelle la cathédrale impériale de Spire et respire l'esprit salien. En dépit de cette multiplicité d'éléments architecturaux, les églises romanes ont toutes des traits communs: la nef est d'ordinaire une basilique prolongée par une pièce de vastes dimensions et dotée d'une tour. Les chœurs et les croisées de transept, à l'est, furent somptueusement aménagées pour en faire des «devantures» donnant sur le Rhin ou sur les places les plus importantes de la ville.

Mais revenons à la cathédrale. La plus belle vue sur la vieille ville, le fleuve et les collines du Bergisches Land se dégage de la tour sud: 509 marches d'escalier mènent, cent mètres plus haut, à une plateforme panoramique. La montée de cet escalier de pierre en colimaçon, pour pénible qu'elle soit, est récompensée par la vue grandiose qui s'offre de cet endroit. Par-delà le Rhin scintillant de ses feux argentés, le regard va se poser sur la ligne d'horizon, marquée par les contreforts des collines du Bergisches Land.

St. Gereon zählt wohl zu den eindrucksvollsten Kirchen des Mittelalters überhaupt. Die modernen Fenster im romanischen Dekagongewölbe stammen von Georg Meistermann.

St Gereon must surely be one of the most impressive mediaeval churches there is. The modern windows in the Romanesque decagon vault are the work of Georg Meistermann.

St. Gereon est sûrement l'une des églises les plus impressionnantes du Moyen Age. Les fenêtres modernes dans la voûte décagonale sont une œuvre de Georg Meistermann.

Das „hillige Köln“ ist vor allem eines: katholisch. Das zeigt sich besonders an hohen Feiertagen wie Fronleichnam, wenn der Kaufrausch in der City der Andacht der Gläubigen weicht. In wohl keiner anderen deutschen Großstadt gibt es Prozessionen von diesem Ausmaß.

Cologne is nothing if not Catholic, as is readily apparent on high days and holidays such as Corpus Christi, when the mad rush of city-centre shopping is called to a halt by religious processions. Few German cities can boast processions on this scale.

La «Sainte Cologne» est avant toute chose catholique. On peut aisément le constater les jours de fêtes religieuses, comme la Fête-Dieu, lorsque le recueillement des croyants remplace la frénésie des consommateurs au centre-ville. Aucune autre ville d’Allemagne ne peut se prévaloir de connaître des processions de telle dimension.

Von außen wirkt der Dom der Erdenschwere enthoben und gewaltig, innen birgt er unschätzbare Kostbarkeiten aus vielen Epochen. Der Reichtum der Ausstattung sollte den Blick auf die Fenster – wie dieses Renaissancefenster im nördlichen Seitenschiff – nicht verstellen.

From outside the Cathedral looks huge, yet remote from terrestrial gravity. Inside it houses priceless treasures from many eras. But the richness of the decoration ought not to divert attention from the windows, such as this Renaissance window in the north transept.

Vue de l'extérieur, la cathédrale dégage une impression d'apesanteur et d'immensité. A l'intérieur, elle renferme d'inestimables trésors de différentes époques. Parmi la richesse de la décoration, il ne faut pas oublier de prêter attention aux vitraux, comme dans le bascôté nord, cette fenêtre datant de la Renaissance.

Der Gipfel ottonischer Architektur ist St. Pantaleon in der südwestlichen Innenstadt. Die Grabeskirche von Erzbischof Bruno und Kaiserin Theophanu wurde 980 geweiht und ist die älteste im Kranz der romanischen Kirchen. Die dreischiffige Basilika beeindruckt durch den imperialen Charakter – die deutschen Kaiser verstanden sich als Erneuerer des Römischen Reiches – wie durch die erhaltene Immunitätsmauer um den ehemaligen Klosterbezirk.

St Pantaleon in the southwestern city centre is a crowning achievement of Ottonian architecture. The burial church of Archbishop Bruno and Empress Theophanu, it was consecrated in 980 and is the oldest in a garland of Romanesque churches. The imperial character of the three-naved basilica is most impressive, the empire having been the resurrected Holy Roman Empire, as is the immunity wall which surrounded the former monastery area.

Dans le sud-ouest du centre-ville, St. Pantaleon est du plus pur style ottonien. L'église sépulcrale de l'archevêque Bruno et de l'impératrice Theophanu fut consacrée en 980 et est la plus ancienne de l'ensemble des églises romanes. Les empereurs allemands ayant ressuscité l'Empire romain, le caractère impérial de la basilique aux trois nefs impressionne tout comme le mur d'immunité d'époque autour de l'ancien domaine du monastère.

Anfang des 16. Jahrhunderts entstand in St. Pantaleon unter brabantischem Einfluß der Lettner, der sich in Maßwerk und Ornament aufzulösen scheint und zu den schönsten Beispielen der Spätgotik gehört. Zudem lohnt der Blick nach oben. Die Kassettendecke wurde erst 1993 im Zuge der Restaurierungsarbeiten vollendet. Die moderne Ausmalung ist das Werk des Kölner Künstlers Dieter Hartmann. Sie zeigt neben Propheten, Heiligen und Aposteln auch Angehörige der ottonischen Dynastie, darunter die in der Kirche begrabene Kaiserin Theophanu.

The choir screen in St Pantaleon was built in the early sixteenth century and shows signs of Brabant influence. With its tracery and ornaments it appears to be unravelling and is one of the finest examples of late Gothic architecture. A look at the ceiling is also well worth while. The panelling was only completed during restoration work in 1993. The modern painting is by Cologne artist Dieter Hartmann. It depicts prophets, saints, apostles and members of the Ottonian dynasty, including the Empress Theophanu, who is buried in the church.

Le jubé de St. Pantaleon fut construit au début du XVIe siècle et montre des signes de l'influence de Brabant. Avec ses proportions et ornements semblant s'effiler, il est un des plus beaux exemples d'architecture du gothique tardif. En levant les yeux, on découvrira avec ravissement le plafond à caissons qui ne fut achevé qu'en 1993, au cours des travaux de restauration. Son ornement pictural moderne est l'œuvre de l'artiste colonais Dieter Hartmann. A côté des prophètes, des saints et des apôtres, certains membres de la dynastie ottonienne y sont représentés, dont l'impératrice Theophanu, enterrée dans l'église.

Die Turm- und Dachlandschaft macht die romanische Kirche St. Aposteln an der nordwestlichen Ecke des geschäftigen Neumarkts zu einer der gelungensten Kirchen der Stadt. Zwar liegen zwischen der spätottonischen Epoche, in der das Langhaus entstand, sowie der staufischen Architektur, wie sie beispielsweise der Ostchor und der mächtige Westturm (rechts) zeigen, immerhin rund 150 Jahre, hier jedoch fügen sich beide zu einer harmonischen Einheit zusammen.

The towers and roofs of the Romanesque church of the Holy Apostles at the northwest corner of the busy Neumarkt make it one of the city's finest. About 150 years may separate its late Ottonian architecture, the period in which the nave was built, from the Staufen style of, for instance, its eastern choir and the mighty west tower (right), but they blend to make a harmonious whole.

L'ensemble des tours et des toits de l'église romane des Saints Apôtres, située à l'angle nord-ouest du Neumarkt, place animée, fait de cette église l'une des plus fameuses de la ville. Même si plus de 150 ans séparent l'architecture datant de la fin de la période ottonienne, au cours de laquelle la nef fut érigée, de celle de la dynastie impériale des Hohenstaufen, comme en témoignent le chœur Est et la puissante tour Ouest (à droite), toutes les parties de la cathédrale forment un ensemble harmonieux.

Ein urkölsches Biotop: die Altstadt

In der Altstadt, der Bannmeile des Rathauses, verdichten sich 2000 Jahre Stadtgeschichte. Nachdem der Glanz der Römer verblichen war, wurde auf dem halben Quadratkilometer zwischen Dom und Kapitolshügel, Rhein und der Hohen Straße die Blütezeit im Mittelalter vorbereitet. Heute zeugen vor allem das Quartier enger Straßen rund um den hochaufragenden Vierungsturm von Groß St. Martin und die spitzgiebeligen Bürgerhäuser am Fischmarkt vom damaligen Glanz. Freilich sind dies alles Rekonstruktionen im Maßstab 1:1 am alten Platz. Denn nach 1945 blieb hier gerade einmal eine Handvoll Häuser stehen. Auch wenn die Patina vergangener Jahrhunderte fehlt, man läßt sich gern vom Flair des einstigen Kaufmannsviertels gefangennehmen. Ein urkölsches Biotop. Hier schlägt das Herz des Kölners. Nicht nur im Karneval auf dem „Alter Markt". Wochentags sind die Einheimischen hier beinahe unter sich, teilt man das Kopfsteinpflaster zwischen Rathausplatz und Martinsviertel mit dem Kabarettisten Hanns Dieter Hüsch, der hier wohnt, der Theater-Prinzipalin Alexandra Kassen oder den Brautpaaren, die zum Aufgebot ins Rathaus eilen.

Das älteste Rathaus in Deutschland besteht heute aus einem Konglomerat verschiedener Gebäude und Baustile, die sich um den Rathausplatz gruppieren. Dabei werden die Geschicke der Stadt seit 2000 Jahren von der gleichen Stelle aus gelenkt. Im Souterrain des „Spanischen Baus" wurde das römische Prätorium freigelegt, der Sitz des Statthalters in Niedergermanien. Blickfang ist die um 1570 errichtete Rathauslaube im Geist der Renaissance. Auf der Brüstung über dem Eingang kämpft Bürgermeister Gryn für die Selbständigkeit der Stadt gegen einen Löwen, das Symbol der Macht der mittelalterlichen Erzbischöfe. Freilich weiß hier die Sage mehr, als die Historie berichtet. Nebenan ragt der 61 Meter hohe Ratsturm auf, der von den Zünften der Stadt Anfang des 15. Jahrhunderts als Zeichen städtischer Freiheit errichtet wurde. Das erste „Hochhaus" der Stadt erinnert an die Belfriede Flanderns. 124 Statuen schmücken sein Äußeres, eine in Stein gehauene Stadtgeschichte von Konrad Adenauer und Heinrich Böll bis hin zum „Kölner Himmel" mit den Schutzheiligen der Stadt im vierten Obergeschoß. Nach einem Blick auf den Gürzenich, den bedeutendsten Profanbau des 15. Jahrhunderts im deutschen Reich, und durch die Glaspyramide über der „Mikwe" (ein jüdisches Kultbad, vergleichbar denen in Worms und Speyer) geht es die Treppe hinunter auf den Alter Markt, der grammatisch nicht gebeugt wird und zu Römerzeiten als Hafenbecken diente. Heute ist es der kölschste aller Plätze und das Epizentrum des närrischen Treibens. Dann wird auch der Reitergeneral Jan von Werth am gleichnamigen Brunnen ins Geschehen einbezogen. Als Knecht, so weiß es die Sage, warb der junge Jan vergeblich um die Hand der Bauerstochter Griet. Sie können zueinander einfach nicht kommen, obwohl sie es alljährlich an den „tollen Tagen" versuchen …

Vom spätgotischen Ratsturm erklingt nicht nur das Glockenspiel, es grüßt zudem – recht eigenwillig – beim Stundenschlag der „Platzjabbek", eine holzgeschnittene Fratze, die ihr Maul aufreißt und die Zunge rausstreckt. Noch ungebührlicher ist das Benehmen des Wesens auf der gegenüberliegenden Platzseite. „Kallendresser" heißt die von Ewald Mataré geschaffene, kupferne Spottfigur, die mit entblößtem Hinterteil ihre Geschäfte in die Regenrinne verrichtet. Gesitteter sind da die beiden Herrschaften, die an der Rückfront des Hauses diskutieren: Tünnes (der raffinierte Neu-Kölner vom Lande) und Schäl (der gerissene, schlitzohrige Städter). Oder der in Bronze gegossene ältere Herr am Eisenmarkt, wo auch das Stockpuppen-Theater „Hänneschen" seine Heimat hat: Willy Millowitsch. Ihm hat man schon zu Lebzeiten ein Denkmal gesetzt, und jeder kann sich zu ihm hocken. Der Platz neben ihm auf der Bank ist frei.

Der vom Verkehr eingeschnürte Heumarkt bildet heute die südliche Grenze der Altstadt. Kaum vorstellbar, daß dieser Platz einmal mit dem Markusplatz in Venedig vergleichbar war. Nach Norden hin schließen Dom und Roncalliplatz die Altstadt ab. Der mit sardischen Granitplatten gedeckte Platz ist in den Sommermonaten Bühne für Gaukler und Alltags-Abenteuer-Akrobaten aus aller Welt. Den Dom vor Augen, vergißt man leicht den Heinzelmännchen-Brunnen im Rücken. Der Volksmund klärt auf: Heinzelmännchen vollendeten in fernen Zeiten das nicht geschaffte Tagespensum der Handwerker. Alles freute sich, und man stellte keine Fragen. Bis die Frau des Schneiders Erbsen auf die Treppe der Werkstatt streute, um den Wichten auf die Spur zu kommen. Nun, ihre Neugier wurde befriedigt. Die Heinzelmännchen jedoch sind bis auf den heutigen Tag verschwunden.

Die Einkehr in den urkölschen Brauereiausschank „Früh am Dom" gehört zum Pflicht-Programm eines Köln-Besuchs.

A stopover at the traditional "Früh am Dom" brewery inn is an essential part of a visit to the city.

Une halte à la traditionnelle brasserie «Früh am Dom» est au programme de toute visite de Cologne.

Vorbei an Blaugoldhaus und Domforum, der irdischen Info-Adresse der Kathedrale, geht es zum Eigelstein. Nicht jedoch, ohne vorher einen Blick in St. Mariä Himmelfahrt zu werfen, ein bedeutendes Beispiel des Frühbarocks mit prachtvoller Ausstattung.
Nein, am Hinterausgang des Bahnhofs reißt sich niemand um die Ankommenden. Aber lebensprall ist das Viertel zwischen Eigelstein, Weidengasse und Gereonswall – und unverwechselbar. Ein Stück Istanbul mitten in Köln. Schaufenster laden zum An- und Verkauf ein, aus den Hinterhöfen klingen die Schlager vom Bosporus, in die Nase steigt der Duft von Lammfleisch und orientalischen Gewürzen. In den Auslagen der Geschäfte glänzt üppiger Goldschmuck, Reisebüros bieten Flüge in die Heimat an. Das Pflaster des Stavenhofs unweit der Eigelsteintorburg war früher Rotlichtbezirk. Und nicht ungefährlich. So ganz verschwunden ist das älteste Gewerbe der Welt hier zwar noch nicht, geschossen wird aber in der Gasse nur noch bei Dreharbeiten für Krimis.

Die Tradition wird in der Hausbrauerei „Päffgen" hochgehalten: In der blauen Tracht des Brauknechts serviert der „Köbes" das feinherbe Kölsch.

Tradition is upheld at the "Päffgen" brewery inn, where the "Köbes" or waiter serves best bitter Kölsch beer in a brewery worker's blue uniform.

La tradition est conservée à la brasserie «Päffgen», où les «Köbes», ou serveurs, vêtus de l'uniforme bleu des brasseurs, servent la «Kölsch».

Two thousand years of history are concentrated in the Altstadt, the old city centre dominated by the Rathaus or city hall. After the grandeur of the Romans had faded, the square half-kilometre demarcated by the Cathedral and Kapitolhügel, the Rhine and Hohe Strasse began to prepare for its mediaeval heyday. Nowadays the narrow streets surrounding the tall lantern-tower of Gross St Martin's and the bourgeois houses on Fischmarkt with their pointed gables provide the main testimony to the glory of those days. Admittedly, these "mediaeval" buildings are only replicas of the originals, for after 1945 only a handful of houses was left standing. Though the patina of age is missing, it is still easy to fall for the charm of the former mercantile district. It is truly a biotope of old Cologne. The heart of Cologne man beats here, and not just during Carnival on the Alter Markt. On weekdays the locals have the place almost to themselves, sharing the cobbled streets between Rathausplatz and the Martinsviertel with cabaret artiste Hanns Dieter Hüsch, who lives here, theatre celebrity Alexandra Kassen or the couples hurrying to the Rathaus to be wed.
Nowadays the oldest town hall in Germany is a hotchpotch of various buildings and architectural styles grouped around the Rathausplatz or Town Hall Square. The city's fortunes have been determined from the same place for 2,000 years. Excavation works in the basement of the "Spanish Building" revealed the praetorium, headquarters of the Roman governor of Lower Germania. The Renaissance-style city hall arcade, built in 1570, is a certain eye-catcher, while the parapet over the entrance depicts Mayor Gryn fighting for the city's independence against a lion, symbol of the power of the mediaeval archbishops. Admittedly the story owes more to legend than to history. Next door is the 61-metre-tall Ratsturm tower, erected by the city guilds in the early 15th century as a sign of the city's freedom. The city's first "skyscraper" bears a resemblance to the Belfriede in Flanders. Its exterior is adorned by 124 statues telling the story of the city in stone, from Konrad Adenauer and writer Heinrich Böll to the fourth-storey "Cologne Heaven" with statues of the city's patron saints. After looking at the view of the Gürzenich, the most important 15th-century secular building in the German empire, and through the glass pyramid covering the "Mikwe" (a Jewish ritual bath, similar to those in Worms and Speyer), one descends the staircase to the Alter Markt, which was a harbour basin in Roman days. Nowadays it is the most typically "Cologne" of all the city squares and the epicentre of Carnival merrymaking. Even General Jan von Werth, mounted on horseback by the fountain that bears his name, plays a role in the festivities. The legend goes that as a young man Jan wooed in vain for the hand of Griet, a farmer's daughter. They are destined never to come together, despite annual attempts to do so during the "mad days" of Carnival…

The Ratsturm chimes are accompanied each hour by the impudent "Platzjabbek," a grotesque face carved in wood which opens its mouth and sticks out its tongue. Even more uncouth is the behaviour of the creature on the opposite side of the square, "Kallendresser," a joke figure in copper by Ewald Mataré, which exposes its bare bottom as it goes about its business in the gutter. The two gentlemen engaged in discussion at the rear of the house are rather better behaved. They are the two archetypal Cologne characters Tünnes, a bright country lad come to live in Cologne, and Schäl, a crafty, sly city-dweller. On the Eisenmarkt, home to the "Hänneschen" puppet theatre, stands another well-behaved statue, the bronze figure of an elderly gentleman sitting on a bench. It is Willy Millowitsch, the monument has been erected to him during his lifetime, and the seat next to him is empty so anyone can sit down beside him.
Heumarkt, hemmed in by traffic, is now the southern boundary of the Altstadt. It is hard to imagine that this square was once compared with St Mark's Square in Venice. To the North the Cathedral and Roncalliplatz complete the Altstadt. In the summer months Roncalliplatz, paved with granite slabs from Sardinia, provides a stage for jugglers and street acrobats from all over the world. Facing the Cathedral, one easily overlooks the Heinzelmännchen fountain behind one. The name has its origin in a popular legend. In

Der Gürzenich in der Altstadt, ein im 15. Jahrhundert errichtetes Festhaus, in dem die großen Prunksitzungen während des Karnevals abgehalten werden.

The Gürzenich in the Altstadt, a festive venue built in the fifteenth century where major carnival sessions are held.

Le Gürzenich, dans la vieille ville, est une salle des fêtes, construite au XVe siècle, où ont lieu les manifestations de gala pendant le carnaval.

days gone by the Heinzelmännchen were little goblins who came secretly at night to finish the work which craftsmen had not managed to complete during the day. Everyone was happy with the arrangement and nobody asked any questions. Until one day the tailor's wife strewed peas on the workshop stairs to try to track down the little creatures. Her curiosity was satisfied, but the Heinzelmännchen have not returned to this day.
Passing the Blaugoldhaus (Blue and Gold House) and the Domforum, the Cathedral information centre, one comes to the Eigelstein gate – not, however, without first taking a look in the church of St Mariä Himmelfahrt, a notable example of early Baroque with a magnificent interior.
By the station's rear exit there is no scramble for the attention of arriving visitors. Nevertheless, the quarter between Eigelsteintor, Weidengasse and Gereonswall is full of life – and unmistakable, like a piece of Istanbul in the middle of Cologne. Shop windows invite one to buy and sell, Bosphorus pop music rings out of rear courtyards, the aroma of lamb and oriental spices penetrates the nostrils. Shops display showy gold jewellery, travel agents offer flights back home. Cobbled Stavenhof, not far from Eigelsteintorburg, used to be a red light area, and not without its dangers. Though the world's oldest profession has not quite disappeared, the only shooting that takes place in the narrow street these days is of detective movies.

Türkische Imbißstuben und Geschäfte prägen in vielen Vierteln der multikulturellen Stadt das Bild entscheidend mit.

Turkish kebab bars have made their mark on the appearance of many parts of the multicultural city.

Ce sont aussi les snack-bars turques qui, dans beaucoup de quartiers, marquent l'image de la ville multiculturelle.

Deux mille ans d'histoire s'agglomèrent dans la vieille ville, «zone interdite» circonscrivant l'hôtel de ville. L'éclat qu'elle avait connu sous les Romains ayant terni, la ville – autrement dit le demi-kilomètre carré s'étendant entre la cathédrale et la colline du Capitole, le Rhin et la Hohe Straße – s'engagea alors sur la voie qui, au Moyen Age, devait la mener à son apogée. Ce sont en tout premier lieu le quartier d'étroites ruelles groupées autour de la haute tour carrée de St-Martin-la-Grande ainsi que les maisons bourgeoises à pignon pointu bordant le Marché-aux-Poissons qui, de nos jours, viennent attester la splendeur d'antan. Il ne s'agit là toutefois que de reconstructions à l'échelle 1/1 réalisées à leur emplacement d'origine. En 1945, tout juste une poignée de maisons était, en effet, restée debout à cet endroit. Même si la patine des siècles passés manque, on se laissera volontiers captiver par l'atmosphère émanant de ce quartier autrefois commerçant. Un biotope authentiquement colonais. C'est là que bat le cœur de l'habitant de Cologne. Et ceci non seulement à l'occasion du Carnaval qui a lieu sur l'»Alter Markt» (le Vieux Marché). En semaine, les autochtones y sont entre eux, ou presque, se partageant le pavé des rues entre la Place de l'Hôtel de Ville et le quartier St-Martin avec le chansonnier Hanns Dieter Hüsch qui y habite, la directrice de théâtre Alexandra Kassen ou les jeunes promis allant faire publier leurs bans à la mairie.
Le plus vieil hôtel de ville d'Allemagne est, aujourd'hui, un conglomérat de bâtiments et de styles disparates, groupés autour de la Place de l'Hôtel de Ville. Et pourtant, voilà 2000 ans que les destinées de la ville sont dirigées de ce même endroit. C'est au sous-sol du «bâtiment espagnol» que fut exhumé le Prétoire romain, siège du proconsul de la Germanie inférieure. La galerie de l'hôtel de ville, construite vers 1570, dans l'esprit de la Renaissance, en est le point de mire. Sur la balustrade, au-dessus de l'entrée, le maire Gryn est aux prises avec les lions, lutte symbolisant l'émancipation des citoyens de la ville par rapport aux archevêques du Moyen Age. Il est vrai que la légende nous en conte plus que l'histoire ne relate de faits à ce sujet. La tour de l'hôtel de ville, édifiée à cet endroit par les corporations de la cité au début du XVe siècle, dresse ses 61 mètres en témoignage de l'autonomie municipale. Ce premier «gratte-ciel» de la ville rappelle les beffrois des Flandres. Cent vingtquatre statues en ornent les parties extérieures, histoire de la cité taillée dans la pierre, allant de Konrad Adenauer et de Heinrich Böll jusqu'au «Ciel de Cologne» où sont représentés, au quatrième étage, les patrons de la ville. Après avoir jeté un coup d'œil sur le Gürzenich, le plus important édifice profane du XVe siècle dans l'empire allemand, et regardé à travers la pyramide de verre de la «Mikwe» (bain rituel juif, comparable à celui de Worms et de Spire), on descendra l'escalier pour gagner l'Alter Markt (Vieux Marché) qui servit de bassin portuaire au temps des Romains. Il représente aujourd'hui la place la plus

colonaise qui soit et est l'épicentre de l'effervescence carnavalesque. Chevauchant sa monture, le général Jan van Werth qui orne la fontaine du même nom est alors intégré au tourbillon de la fête. La légende raconte qu'il prétendit en vain à la main de Griet, fille de paysans, alors qu'il était encore valet. Ils ne réussirent pas à unir leurs destins, bien qu'ils tentent tous les ans de le faire à l'occasion des «jours fous».
Du beffroi de l'hôtel de ville, datant du gothique flamboyant, retentit non seulement un carillon, mais le «Platzjabbek», tête de bois sculptée ouvrant la gueule et tirant la langue, salue les passants à la ronde de façon fort originale chaque fois que l'horloge sonne l'heure. Le comportement de la créature que l'on découvrira de l'autre côté de la place est encore plus inconvenant. «Kallendresser», ainsi s'appelle ce personnage grotesque, exécuté en cuivre par Ewald Mataré: le derrière à nu, il fait ses besoins dans le chéneau. Les deux hommes en train de discuter à l'arrière du bâtiment sont, eux, plus civilisés: Tünnes, campagnard finaud et nouveau venu à Cologne et Schäl, citadin roublard et matois. Ou bien encore le monsieur d'un certain âge coulé dans le bronze qui se tient en bordure du Eisenmarkt où a également élu domicile le théâtre de marionnettes «Hänneschentheater» et qui n'est autre que Willy Millowitsch. Un monument lui a été dressé de son vivant et chacun peut s'asseoir près de lui. La place, à ses côtés, est inoccupée.
Le Heumarkt (Marché-au-Foin), cerné par le trafic, constitue aujourd'hui la limite sud de la vieille ville. On a peine à s'imaginer que cette

Im Zeughaus ist das sehenswerte Kölnische Stadtmuseum untergebracht.

The Zeughaus, or arsenal, now houses the municipal museum, which is well worth a visit.

La «Zeughaus», ou arsenal, abrite le très intéressant musée municipal de Cologne.

place a pu, autrefois, être comparée à la Place St-Marc de Venise. Vers le nord, la cathédrale et la Place Roncalli clôturent la partie ancienne de la ville. Pendant les mois d'été, cette place, recouverte de dalles de granit sarde est le lieu d'évolution des saltimbanques et autres acrobates ou aventuriers à la petite semaine, venus du monde entier. Plongé dans la contemplation de la cathédrale, on oublie facilement la fontaine des «Heinzelmännchen» (Lutins), à laquelle on tourne le dos. Le langage populaire vient éclairer notre lanterne à ce propos: en des temps reculés, les lutins achevaient, la nuit, le travail que les artisans n'avaient pu terminer pendant la journée. Tous s'en trouvaient fort aise et il n'y avait personne pour se poser de questions. Jusqu'au jour où la femme du tailleur répandit des petits pois sur l'escalier pour confondre les freluquets. Sa curiosité fut, certes satisfaite, mais les lutins ne réapparurent plus jamais.

Passé la Blaugoldhaus (Maison bleu-or) et le Forum de la cathédrale, office de renseignements terrestres de la maison de Dieu, le visiteur parviendra au Eigelstein. Il lui faudra toutefois avoir jeté, auparavant, un coup d'œil à l'église St. Mariä Himmelfahrt (Notre-Dame-de-l'Assomption), érigée dans le style du début du baroque, dont l'ornementation est somptueuse.

Non, vraiment, personne ne s'empresse d'accueillir à la gare les nouveaux arrivants à la sortie de derrière. Et pourtant le quartier à la physionomie incomparable s'étendant entre le Eigelstein, la Weidengasse et le Gereonswall, vibre d'animation. Une petite bouffée d'air d'Istanbul en plein cœur de Cologne. Les vitrines des magasins achats et ventes convient le passant à entrer, des arrières-cours montent des rengaines du Bosphore, des odeurs de viande d'agneau et d'épices viennent flatter ses narines. Les devantures des magasins reluisent de toute l'opulence dorée de leurs bijoux, les agences de voyage proposent des vols pour rentrer dans la patrie. Les rues du Stavenhof, non loin de la Eigelsteintorburg constituaient, autrefois, le quartier chaud de la ville. Il n'était d'ailleurs pas sans danger de s'y aventurer. Certes, le plus vieux métier du monde n'en a pas entièrement disparu, mais cette rue n'est aujourd'hui le théâtre de coups de feu que lorsqu'on y tourne des films policiers.

Ein Sammelsurium verschiedener Bauten und Baustile stellt das heutige Kölner Rathaus dar. Ein Juwel ist der Hansasaal mit den „Neun Guten Helden" aus den großen Epochen der Weltgeschichte an der Südseite.

Cologne's Rathaus, or city hall, is a blend of different buildings and styles. One of its gems is the Hansasaal with the Nine Good Heroes from the major eras of world history on its south wall.

L'hôtel de ville de Cologne est un ensemble de styles et de bâtiments différents. Un de ses trésors est la «Hansasaal» avec la représentation sur sa face sud des «Neuf Bons Héros» des grandes époques de l'histoire du monde.

Am Fischmarkt, zu Füßen von Groß St. Martin, präsentiert sich die Kölner Altstadt von ihrer schönsten Seite. Namengebend für diesen lebendigen Platz war eine Fischhandlung, die bereits im 16. Jahrhundert in dem heute als Stapelhaus bekannten Gebäude residierte. Kopfsteinpflaster, enge Straßen und dichte Bebauung vermitteln eine beinahe mittelalterliche Atmosphäre.

Cologne's Altstadt at its finest, on Fischmarkt at the foot of Gross St Martin. This lively square owes its name to a fishmonger who set up shop in the building now known as the Stapelhaus back in the sixteenth century. Cobbled roads, narrow streets and houses huddled together convey an almost mediaeval atmosphere.

Le Fischmarkt (Marché aux Poissons), au pied de St-Martin-la-Grande, présente l'un des plus beaux aspects de la vieille ville de Cologne. Cette place animée tient son nom d'une poissonnerie qui, dès le XVIe siècle, se trouvait dans l'édifice connu aujourd'hui sous la désignation de «Stapelhaus». Les routes pavées, les rues étroites, et les maisons blotties les unes contre les autres dégagent une atmosphère presque médiévale.

Im Martins winkel

Der Dom und der mächtige Vierungsturm von Groß St. Martin prägen die Silhouette der Stadt am Rheinufer. Zwischen beiden Kirchen ist ein liebenswerter Mikrokosmos mit Kölsch-Kneipen und Kabarett-Bühnen entstanden. Besonders vormittags sind die Altstädter hier noch unter sich.

The Cathedral and the massive crossing tower of Gross St Martin are hallmarks of the city's skyline. The area between the two churches has developed into a delightful microcosm of Kölsch bars and cabarets. In the mornings, Altstadt people are still very much on their own here.

La cathédrale et l'imposante tour de St-Martin-la Grande marquent de leurs empreintes la silhouette de la ville des bords du Rhin. Entre ces deux églises, un ravissant microcosme de bars «Kölsch» et de cabarets s'est développé. C'est plus particulièrement le matin que les habitants de la vieille ville se retrouvent encore entre eux.

Seit einem Jahrtausend konzentriert sich ein Großteil des Marktgeschehens auf dem Alter Markt. Heute finden hier vor allem Trödel- und Weihnachtsmärkte statt, wird mit einem zwanzigtausendfachen „Alaaf“ der Straßenkarneval begrüßt. Durch die Zerstörungen im Zweiten Weltkrieg hat der Alter Markt zwar viel von seinem ursprünglichen Reiz eingebüßt, in den Erinnerungen der Kölner lebt er aber weiter.

For a millennium much of the city's market activity has taken place on the Alter Markt. Nowadays the markets are mainly flea markets and Christmas markets, plus a crowd of 20,000 to greet the carnival procession with cries of "Alaaf!" Because of the destructions during World War II the Alter Markt lost much of its erstwhile charm, but Cologne people still remember it very much as it was.

Depuis un millénaire, la majorité des marchés de la ville ont lieu sur l'«Alter Markt». Aujourd'hui, ce sont surtout les marchés aux puces et les marchés de Noël ainsi que les 20 000 «Alaaf» acclamés par la foule pour souhaiter la bienvenue au carnaval. A cause des destructions de la Seconde Guerre mondiale, l'«Alter Markt» a beaucoup perdu de son attrait d'origine, mais dans le souvenir des habitants de Cologne il reste tel qu'il fut.

1954
Agnes-

TREFFPUNKT
ST. MARTIN

Das Zentrum des mittelalterlichen Köln wurde auf dem Gelände des römischen Hafens errichtet, der erst zur Jahrtausendwende trockengelegt werden konnte. In diesem in unmittelbarer Nähe des Rathauses liegenden Viertel befindet sich auch die Lintgasse, in der sich noch einiges an alter Bausubstanz erhalten hat, anderes liebevoll restauriert wurde.

The centre of the mediaeval city was built on the site of the Roman port, which was not drained until about the year 1000. This quarter in the very vicinity of the town hall includes Lintgasse, where a number of old buildings have survived and others have been lovingly restored.

Le centre de la ville médiévale se situe sur la zone portuaire romaine, qui ne fut mise à sec qu'à la fin du premier millénaire. C'est dans ce quartier, près de l'hôtel de ville que se situe la Lintgasse; on peut encore y admirer quelques vieilles constructions d'époque, et d'autres restaurées avec affection.

Wie angeklebt wirkt die doppelstöckige Arkadenfront der Renaissancelaube am Kölner Rathaus. Ist sie aber nicht. Während 1945 ringsum alles in Schutt und Asche sank, blieb der zwischen 1569 und 1573 errichtete Vorbau stehen.

The two-storey Renaissance arcade of Cologne's Rathaus looks as though it were glued to the building. But it isn't. While everything else around was reduced to ruins in 1945, the Rathaus arcade, built between 1569 and 1573, remained standing.

La façade d'arcades à deux étages de la Renaissance semble rivée à l'hôtel de ville de Cologne. Elle ne l'est pourtant pas. Alors qu'en 1945 tout aux alentours était réduit en cendres, seules les arcades de l'hôtel de ville, construites entre 1569 et 1573, tenaient encore debout.

Straßen- und Stadtteilfeste wie hier am Eigelsteintor haben in Köln eine große Tradition. Hier lebt der Gedanke der Stadtgemeinschaft und des Veedels wieder auf. Ob Einheimische oder „Immis", wie die Zugereisten bespöttelt werden, gefeiert und geschunkelt wird gemeinsam.

In Cologne, street festivals like this one at the Eigelsteintor can look back on a lengthy tradition. These are events at which the local community spirit has been resurrected. Here local people and "immis," as newcomers are mockingly known, celebrate jointly and link arms, swaying from side to side to the music.

A Cologne, les fêtes de rue et de quartier, comme ici à la «Eigelsteintor», appartiennent à une longue tradition. Lors de ces célébrations, l'esprit d'appartenance à la communauté locale et du «Veedel» renaît. Qu'il s'agisse des natifs de la ville ou des «Immis», nom donné aux immigrés, tous fêtent ensembles et se balancent bras dessus, bras dessous, les uns avec les autres au son de la musique.

Eines Tages war das schöne neue Auto von Willy Millowitsch verschwunden. Geklaut. Als der Theater-Prinzipal von der Polizei zurückkam, fand er seinen fahrbaren Untersatz wieder vor der Tür. Und einen Zettel hinter der Windschutzscheibe: „Lieber Willy, entschuldige, daß wir Deinen Wagen geklaut haben. Wir wußten nicht, daß es Deiner war, aber dann haben wir die Autogrammkarten gesehen. Wir tun es nie wieder! Anbei 5 Liter Benzin, die wir verfahren haben."

Der Volksschauspieler Willy Millowitsch gehört zur Stadt wie Dom, Karneval und Kölnisch Wasser. Er ist ein Stück Köln. Schon als Vierzehnjähriger schleppte er die großen Stockpuppen, die sein Vater am Deutzer Rheinufer spielte, schlug Holzkeile unter provisorische Schaustellerbühnen. Dann, nach dem Krieg, brachte er mit seinem von Herzen kommenden Humor die Kölner mit Stücken wie „Der Etappenhase" wieder zum Lachen. Dafür wird er bis heute verehrt. Unvergessen der 9. November 1992. Auf dem Chlodwigplatz haben sich Musiker kölscher Zunge zu einem Protestkonzert gegen Ausländerfeindlichkeit zusammengefunden. 25 000 Kölner wurden erwartet. Es strömten mehr als 100 000 in die Südstadt, es gab kein Durchkommen mehr. Weder für Autos, noch für Straßenbahnen. Und sie alle huldigten einem fast 84jährigen Mann: Willy! „Er es ne kölsche Junge", sang das Menschenmeer, alt und jung, arm und reich. Ein tief bewegender Moment für alle.

Das Millowitsch-Theater an der Aachener Straße bietet Volkstheater im besten Sinne. Wer hier im Publikum sitzt, will zwei Stunden lang unbeschwert lachen. Dabei ist es bis heute geblieben. Das Erbe der Familie ist das Talent. Sohn Peter ist in Willys Fußstapfen getreten. Ein Generationswechsel, der nicht geräuschlos vonstatten ging. Auf der Bühne steht Willy nicht mehr, aber im Hintergrund zieht er immer noch eifrig die Fäden.

So sind die Kölner. Sie verehren Millowitsch und strömen zu Tausenden zu Stockhausen, dem wichtigsten Vertreter zeitgenössischer E-Musik, wenn er seine Klangwelten im Rheingarten entstehen läßt. Köln ist eine Hauptstadt der Musik. Die Philharmonie hat mit ihrem ambitionierten Programm einen ausgezeichneten Ruf bei den Taktstock-Maestros dieser Welt. Günter Krämer brachte Opern- und Schauspielhaus wieder auf die Titelseiten des Feuilletons, die Messen Klassik- und Popkomm zeugen von der lebendigen Kölner Szene. BAP, Bläck Fööss und De Höhner machten Kölschrock bundesweit salonfähig. Einen wichtigen Teil der musikalischen Stadtbegrünung trägt auch der Westdeutsche Rundfunk mit seinen Orchestern und Ensembles.

Diese Darstellung der Livia, Gemahlin des Kaisers Augustus, steht heute im Römisch-Germanischen Museum.

This statue of Livia, the wife of Emperor Augustus, is on show in the Römisch-Germanisches Museum.

Cette représentation de Livia, épouse de l'empereur Auguste, est à contempler au Musée romain-germanique.

Köln ist Kunst. Davon zeugen nicht nur die Kunstmesse „Art Cologne" und die über 100 Galerien vor allem im Belgischen Viertel und der St.-Apern-Straße. Die Kölner Premiere amerikanischer und europäischer Avantgarde war 1969 ein sensationeller Erfolg. Erst räumte man dem Initiator einen ganzen Flügel des Wallraf-Richartz-Museums für seine Bilderschau leer, dann stiftete er, und sie bauten ihm ein Museum, das seinen Namen trägt: Museum Ludwig. Der Schokoladen-Fabrikant Peter Ludwig machte Kultur- und Städtebaupolitik, demonstrierte exemplarisch die Verbindung von Privatinitiative und öffentlicher Hand. Je leerer die kommunalen Kassen, desto leuchtender erscheint, was dieser Mann in Köln bis zu seinem plötzlichen Tod im Jahre 1996 bewegte. Zuletzt schenkte er der Stadt 90 Werke von Picasso. Damit trat er in Köln eine Lawine los. Gleich zwei Museen bekommen neue Häuser. Der Museumskomplex zwischen Dom und Strom wird künftig nur noch Museum Ludwig heißen und neben der Kunst des 20. Jahrhunderts die vorzügliche Expressionisten-Kollektion von Josef Haubrich zeigen. Das Wallraf-Richartz-Museum indes tritt mit seinem Neubau neben St. Alban am Gürzenich aus dem Schatten heraus. Es verdankt seine Entstehung bürgerlichen Sammlern und nicht wie andernorts fürstlichen oder staatlichen Stiftern. Die „Galerie der Bürger" zeigt Gemälde vom Beginn der Tafelmalerei des Mittelalters bis hin zum späten 19. Jahrhundert. Viele Museen tragen in Köln den Namen ihrer Stifter: den des Kirchenmannes Schnütgen etwa in der staufischen Stiftskirche St. Cäcilien, des Ethnologen Wilhelm Joest im Völkerkundemuseum Rautenstrauch-Joest oder aber des Schokoladenfabrikanten Hans Imhoff. Der jedoch sammelte für sein nur über eine Drehbrücke im Rheinauhafen zu erreichendes Museums-Flaggschiff keine Bilder, sondern rund 2000 Exponate zur Entstehung und Geschichte der Schokolade. Fast ein Märchen: Im Imhoff-Stollwerckschen Schokoladenmuseum fließt die Schokolade aus einem Brunnen.

One day Willy Millowitsch's nice new car disappeared. Stolen. On returning from the police station, the theatre celebrity found his vehicle standing outside his front door. A note was tucked behind the windscreen wiper: "Dear Willy, sorry we nicked your car. We didn't know it was yours, until we saw the autograph cards. We'll never do it again. We have replaced the five litres of petrol we used."

Popular actor Willy Millowitsch is as much a part of Cologne as the Cathedral, Carnival and eau de Cologne. He is a piece of the city. As a fourteen-year-old boy he lugged around the large puppets his father used for his show on the Deutz bank of the Rhine and hammered in wooden wedges to prop up makeshift stages. In the post-war years his gut-felt style of comedy, made famous by plays like "Der Etappenhase," made Cologne people laugh again. He is still idolised for that today. November 9, 1992 was a memorable day. Cologne musicians who sing in local dialect gathered on Chlodwigplatz for an anti-racist protest concert. Twenty-five thousand people were expected. In the event, over 100,000 streamed into the south of the city, blocking all access for cars and trams. All of them paid homage to an almost 84-year-old man: Willy. "He is a Cologne lad," sang the sea of people, old and young, rich and poor. It was a deeply moving moment for all concerned.

The Millowitsch Theatre on Aachener Strasse offers popular theatre in the best sense of the word. Those who go there want two hours of carefree laughter, and up till now that is what they have got. The family legacy is talent. Willy's son Peter has followed in his footsteps, though the change of generation did not take place quietly. Willy may no longer appear on stage, but he is still busy pulling the strings in the background.

That's how Cologne people are. They revere Millowitsch and stream in their thousands to hear the tones of Karlheinz Stockhausen, the outstanding representative of contemporary electronic music, when he gives concerts in the Rheingarten. Cologne is a capital of music. The philharmonic orchestra with its ambitious programme has an excellent reputation with the conductors of the world. Günter Krämer helped the opera and theatre back into the news, while the Klassik and Popkomm trade fairs are testimony to the lively Cologne scene. BAP, Bläck Fööss and De Höhner are rock groups popular all over Germany. Finally, the orchestras and chamber groups of Westdeutscher Rundfunk, the regional radio station, have played a significant role in musically greening the city.

Cologne is art. This fact is testified to not only by the Art Cologne trade fair and over 100 galleries, mainly in the Belgian quarter and St.-Apern-Strasse. The Cologne premiere of American and European avant-garde art in 1969 was a sensational success. First a whole wing of the Wallraf-Richartz Museum was cleared for the initiator's picture show, then he set up a foundation and they built a museum which bears his name: Museum Ludwig. Chocolate manufacturer Peter Ludwig was involved in arts and urban planning policies, an exemplary demonstration of the link between private initiative and the public sector. The emptier the municipal coffers, the more one appreciates what Ludwig did for Cologne until his sudden death in 1996. His final gift to the city were 90 works by Picasso. This dislodged an avalanche in Cologne. Two museums are to have new buildings. The museum complex between Cathedral and river will in future just be called Museum Ludwig and in addition to 20th century art show Josef Haubrich's excellent collection of Expressionists. Meanwhile, the Wallraf-Richartz Museum will emerge from the shadow into a new building next to St Alban am Gürzenich. The new museum owes its existence to private collectors and not as elsewhere to royal or government sponsorship. The Galerie der Bürger (Citizens' Gallery) shows art from mediaeval panel painings to the late 19th century. In Cologne many museums bear the name of their founder – of Canon Alexander Schnütgen in the Staufen collegiate church of St Cäcilien, of ethnologist Wilhelm Joest in the Rautenstrauch-Joest museum of ethnology, or of chocolate manufacturer Hans Imhoff. Imhoff did not collect paintings for his flagship museum, which can only be reached via a swing bridge in Rheinau dock, but around 2,000 exhibits on the beginnings and history of chocolate. In a scene reminiscent of a fairy-tale, chocolate flows from a fountain in the Imhoff-Stollwerck chocolate museum .

Un beau jour, Willy Millowitsch ne retrouva plus sa belle voiture neuve. On la lui avait volée. Lorsqu'il revint du commissariat de police, cet acteur célèbre trouva son véhicule garé devant sa porte. Un morceau de papier collait au pare-brise: «Cher Willy, excuse-nous d'avoir fauché ta voiture. On n'a su qu'elle était à toi que quand on a vu les cartes d'autogrammes. On ne le fera plus jamais! Ci-joint les cinq litres d'essence qu'on a consommés.»

Willy Millowitsch, acteur interprétant des pièces de théâtre populaires, fait partie intégrante de la ville, au même titre que la cathédrale, le carnaval et l'eau de Cologne. On ne peut l'en dissocier. Dès l'âge de 14 ans, il traînait les grandes marionnettes que son père animait sur la rive gauche du Rhin, la rive Deutz, ou enfonçait des cales de bois sous les tréteaux improvisés. Plus tard, après la guerre, il apprit aux habitants de Cologne à rire de nouveau en interprétant avec son humour chaleureux des pièces telles que «Der Etappenhase». C'est pourquoi il n'a cessé, jusqu'à aujourd'hui d'être adulé par les Colonais. Le 9 novembre 1992 demeurera inoubliable. Des musiciens de Cologne, rassemblés sur la Chlodwigplatz, donnent un concert pour protester contre la xénophobie. Vingt-cinq mille personnes sont attendues. Plus de 100 000 affluent dans les quartiers sud de la ville. Toute circulation était devenue impossible tant pour les voitures que pour les tramways. Et tous rendaient hommage à un homme de presque 84 ans: Willy! «Er es ne kölsche Junge», «C'est un gars de Cologne» scandait la foule, jeunes et vieux, riches et pauvres. Ce fut, pour tous, un moment de profonde émotion.

Le théâtre Millowitsch, situé en bordure de la Aachener Straße, présente des pièces de théâtre de caractère populaire au meilleur sens du terme. Le public qui le fréquente veut rire de tout cœur pendant deux heures. Rien de cela n'a changé jusqu'à nos jours. L'héritage familial réside dans le talent. Son fils, Pierre, marche sur les traces du père: une relève qui ne se fait pas sans bruit. Willy ne monte certes plus sur scène, mais c'est lui qui, en coulisse, tire toujours les ficelles.

Les habitants de Cologne sont ainsi. Ils vénèrent Millowitsch mais affluent par milliers aux concerts de Stockhausen, le plus important représentant de musique classique contemporaine, lorsque ce compositeur met en scène son univers musical au Rheingarten. Cologne est une métropole de la musique. Grâce à son ambitieux programme, la Philharmonie jouit, dans le monde entier, d'une excellente réputation auprès des maestros de la baguette. Günter Krämer a permis à l'Opéra et au Schauspielhaus (Théâtre) de faire de nouveau la manchette des pages culturelles des journaux, les Foires «Klassikkomm» et «Popkomm» témoignent de la vitalité de la «scène» culturelle de Cologne. Les groupes BAP, Bläck Fööss et De Höhner ont conféré au rock de Cologne ses lettres de noblesse. Avec ses orchestres et ses ensembles, le Westdeutscher Rundfunk (la radio ouest-allemande) contribue pour une part importante au renouveau musical.

Cologne est l'incarnation de l'art. C'est ce dont témoignent non seulement la Foire de l'Art «Art Cologne», mais aussi les quelque 100 galeries, localisées avant tout dans le Belgisches Viertel (le quartier belge) et la St.-Apern-Straße. En 1969, la première de l'art d'avant-garde américain et européen eut un succès retentissant. On commença par vider une aile toute entière du Musée Wallraf-Richartz afin de permettre à son initiateur de présenter son exposition. Puis, ce fut à lui de faire don au musée de sa propre collection. Les Colonais finirent par lui édifier un musée qui porte désormais son nom: le Musée Ludwig. Peter Ludwig, chocolatier de son métier, fit œuvre d'homme politique en matière de culture et d'urbanisme, démontrant de façon exemplaire le lien existant entre initiative privée et pouvoirs publics. Plus les caisses communales se vident, plus la vision dont était animé cet homme jusqu'à sa mort subite, en 1996, s'impose avec évidence. Au cours des dernières années de sa vie, il fit cadeau à la municipalité de 90 œuvres de Picasso, déclenchant par là une véritable avalanche de dons du même genre. Pas moins de deux musées se virent alors gratifiés de deux nouveaux bâtiments. L'ensemble de musées, situé entre la cathédrale et le fleuve ne s'appellera plus à l'avenir que Musée Ludwig et présentera l'excellente collection de peintres expressionnistes de Josef Haubrich, en dehors d'autres œuvres d'art du XXe siècle. Grâce à son nouvel édifice qui se dresse à côté de l'église St. Alban près du Gürzenich, le Musée Wallraf-Richartz commence à sortir de l'ombre. Il doit d'avoir vu le jour à plusieurs collectionneurs privés et non, comme certains autres, à des donateurs princiers ou du secteur public. La «Galerie des Citoyens» présente des œuvres allant de la peinture sur panneau de bois du Moyen Age jusqu'au XIXe siècle. Nombre de musées de Cologne portent le nom de leur donateur: celui de l'homme d'église qu'était Schnütgen, par exemple, aménagé dans l'ancienne église collégiale Sainte-Cécile, fondée par les Hohenstaufen, de l'ethnologue Wilhelm Joest ou encore du fabricant de chocolats, Hans Imhoff. Ce dernier ne collectionnait pas de tableaux. Sur son vaisseau-amiral, ancré dans le port de Rheinau, musée auquel on ne peut accéder que par un pont mobile, il expose 2000 objets relatifs à la fabrication et à l'histoire du chocolat. A se croire dans un conte de fées. Au Musée du Chocolat Imhoff-Stollwerck, le chocolat coule d'une fontaine …

Römisches soweit das Auge reicht: Zu den Höhepunkten im Römisch-Germanischen Museum zählt neben dem Dionysos-Mosaik das drei Stockwerke hohe Grabmal des Lucius Poblicius und seiner Familie. Die wesentlichen Teile wurden bei Ausgrabungen am Chlodwigplatz entdeckt, die fehlenden Stücke anhand der Funde rekonstruiert.

Ancient Rome as far as the eye can see. Highlights of the Römisch-Germanisches Museum include the Dionysos mosaic and the three-storey monument to Lucius Poblicius and his family. Most of the parts were found during excavations on Chlodwigplatz; the missing sections were reconstructed on the basis of those that were found.

A Cologne, les vestiges romains sont en grand nombre. Parmi les raretés du Musée romain-germanique, on compte la mosaïque de Dionysos et, s'élevant sur trois étages, le monument funéraire de Lucius Poblicius et sa famille. Les pièces essentielles ont été découvertes lors de fouilles sur la Chlodwigplatz, les parties manquantes ont été reconstituées sur la base de ce qui avait déjà été trouvé.

Schöner kann eine Stadt die Ankommenden kaum begrüßen. Wer sich der City über die Hohenzollernbrücke nähert, blickt zuerst auf den Domchor und die Zink-Sheddächer des Museumskomplexes Wallraf-Richartz/Ludwig. Die Gegensätze lösen sich zu neuen Einheiten auf: das Gußeisen der Eisenbahnbrücke, die Ziegelsteinfassade des Museums, die Granitplatten des Roncalliplatzes.

Can a city greet arriving visitors more beautifully? As you cross the Hohenzollernbrücke you first set sight on the choir of the Cathedral and the zinc shed roofs of the Museum Wallraf-Richartz/Museum Ludwig complex. Opposites are here reconciled, forming a new whole that includes the cast iron of the railway bridge, the redbrick exterior of the museum and the granite paving stones of Roncalliplatz.

Aucune ville ne peut souhaiter la bienvenue aux arrivants aussi magnifiquement. Lorsqu'on s'approche de Cologne par le pont Hohenzollern, on admire tout d'abord le chœur de la cathédrale et les toits de zinc en dents de scie du musée Wallraf-Richartz/Ludwig. La fonte du pont de chemin de fer, les briques de la façade du musée, les plaques de granit de la place Roncalli s'assemblent et forment une nouvelle unité.

Ein Doppelmuseum, das bald keines mehr ist: das Museum Wallraf-Richartz mit Kunst vom Mittelalter bis zum 19. Jahrhundert und die modernen Sammlungen im Museum Ludwig (Bild). Demnächst jedoch werden die beiden Museen getrennt. In der Altstadt, unweit von Gürzenich und St. Alban, bekommt das Wallraf-Richartz-Museum jetzt ein eigenes Gebäude.

A double museum that will soon cease to be one. The Museum Wallraf-Richartz/ Museum Ludwig features art from the Middle Ages to the nineteenth century and modern art (photo). But the two museums are shortly to be separated. In the Altstadt, not far from the Gürzenich and St Alban, the Wallraf-Richartz Museum is soon to be rehoused in a new building of its own.

Un double musée, qui cessera bientôt d'en être un. Des œuvres de la période médiévale au XIXe siècle sont à visiter au musée Wallraf-Richartz, tandis que le musée Ludwig, photographié ici, renferme des collections modernes. Dans un proche avenir, ces deux musées seront toutefois séparés l'un de l'autre. Les œuvres du musée Wallraf-Richartz vont être transférées dans de nouveaux bâtiments indépendants, non loin du Gürzenich et de St. Alban, dans la vieille ville.

Es ist nicht viel, was ins Auge fällt: kein Fachwerk, kaum eine Fensterfront, die bürgerliches Behagen vermitteln würde. Die Straße ist schmal, ein wenig schmuddelig. Die Häuser stehen eng aneinander, Backsteinmauern und banale Betonwucht füllen die Breschen des letzten Kriegs. Dennoch ist die Ehrenstraße die wohl schrillste Einkaufsmeile der Stadt. Individuelle Ledermode, Esoterikläden, Szenecafés, ein Programmkino, Delikatessen und Feinkost, Kunstliteratur. Welch ein Kontrast zur mondänen Mittel- und Pfeilstraße mit den Luxus-Boutiquen in der Nachbarschaft. Oder zum Neumarkt. Im 11. Jahrhundert wurde hier mit Vieh und Pferden gehandelt. Heute funktioniert der Platz als Drehscheibe des öffentlichen Nahverkehrs, wirkt trotz Baumbestands ringsum unwirtlich (es sei denn, es ist Weihnachts-, Wein- oder Büchermarkt), eher wie eine Pflasterwüste. Eine Ausnahme macht die Nordseite des Platzes. Bis zur Breiten Straße hin wurde das Quartier völlig geliftet. Zu den Kaufhäusern gesellten sich chrom- und messingglänzende Geschäftspassagen – eindrucksvolle Kathedralen des Konsums. Die Zeppelinstraße ist als erste Einkaufsstraße Deutschlands am Olivandenhof sogar überdacht. Biegt man dann nach links in die Richmodstraße, schauen vom Richmodisturm zwei Pferdeköpfe auf das geschäftige Treiben.

Wir verschweigen, daß der Turm zur Residenz der Kölner Patrizierfamilie Hackeney gehörte und die Pferde an das von Kaiser Maximilian verliehene Wappen erinnern. Wir verschweigen auch, daß der Bau erst im 16. Jahrhundert errichtet wurde. Schließlich spielt unsere Geschichte im 14. Jahrhundert, wird von den Kölnern so erzählt und ist auch viel schöner: Das Haus des Patriziers von Aducht stand hier. 1357 (so genau wissen sie es dann doch) rafft die Pest seine junge Gemahlin Richmodis dahin. Die beiden Totengräber werden zu Grabräubern, öffnen den Sarg und ergreifen die Flucht, als Richmodis sich aufrichtet. „Eher laufen meine Pferde die Treppe hinauf, als daß meine Frau noch lebt“, soll der Gemahl daraufhin leichenblaß ausgerufen haben. Die Pferde im Obergeschoß gibt es seit 600 Jahren …

Die Synagoge an der Roonstraße ist eines der wenigen noch sichtbaren Zeichen des jüdischen Kölns.

The synagogue in Roonstrasse is one of the few vestiges of Jewish Cologne that can still be seen.

La synagogue de la Roonstraße est l'un des rares vestiges de la présence juive à Cologne.

Die Seele des Kölners, die Wurzeln der Stadtgemeinschaft, findet man im „Veedel“. „He hält mr zosamme, ejal, wat och passeet“, singen die Bläck Fööss jeweils zum Abschluß ihrer Konzerte. Das mag früher, vor dem Krieg, auch tatsächlich so gewesen sein. Das soziale Elend mit fortschreitender Industrialisierung, die Gruppensolidarität gegenüber der ortsfremden preußischen Obrigkeit schufen den Humus für einen mitmenschlichen Zusammenhalt in der Gemeinschaft. Eine Mischung aus Freud und Leid, Träumen und harter Realität, eine Schicksalsgemeinschaft mit folkloristischen Einsprengseln mitten in der Großstadt. Das Veedel bot Zuflucht, war seelische Arche in einer „neuen Welt“. Es daher schlicht mit „Stadtviertel“ zu übersetzen, mag etymologisch korrekt und geografisch richtig sein. An der Realität, am soziokulturellen Bedeutungsgehalt geht es indes vorbei. Seit den siebziger Jahren erleben die Veedel wieder eine Renaissance. Noch heute besitzen sie eine für Außenstehende schwer nachvollziehbare, eigentümliche Integrationskraft, eine Heimeligkeit, die die Menschen sentimental an ihre Stadt bindet. Das „Vrings- bzw. Severinsveedel“ in der Südstadt mag da beispielgebend stehen. Hier ist alles etwas kleiner und gemütlicher. Man liegt an einer Ausfallstraße des römischen Köln, die Kirche steht im Mittelpunkt, das Bevölkerungsgemisch ist bunt durcheinandergewürfelt, ringsum gibt es alles für den täglichen Bedarf. Der Dom ist kaum zehn Autominuten entfernt und doch weit weg. In den Veedeln ist auch der Karneval am ursprünglichsten. Im Severinsviertel läuft der Rosenmontagszug nach über drei Stunden Wegstrecke alljährlich heiß. Auch andere Viertel haben diesen mit dem Verstand schwer zu begreifenden Integrationscharakter. Das Belgische Viertel etwa oder der Bereich rund um die Agneskirche im Norden. Selbst ein auf den ersten Blick konturenlos erscheinender Stadtteil wie das „Kwatier Latäng“ (für die Stadtverwaltung ist die kölsche Version des Pariser Studentenviertels die „Neustadt-Süd“) hat seine Wurzeln im Veedel. Kaum vorstellbar, daß dieses brodelnde, hektische Viertel mit Studenten und Stadtläufern, Kebab-Buden und Kölsch-Pinten einmal ein zurückgezogener Ort mit einem hohen Anteil an jüdischer Kultur war. Von dieser damaligen Weltabgewandtheit zeugen heute nur noch die neoromanische Synagoge am Rathenauplatz und der neugotische Turm der Herz-Jesu-Kirche am Zülpicher Platz.

There is not a great deal to catch the eye, no half timbering, hardly a window frontage to convey middle-class comfort. The street is narrow, and somewhat scruffy. The houses are packed close together, with brick walls and banal blocks of concrete filling the holes left by World War II. And yet Ehrenstrasse is probably the trendiest shopping street in town. Individually-styled leather clothing, esoterica, “in” cafes, an independent cinema, delicatessen and fine foods, art books – what a contrast to the mundane luxury boutiques of nearby Mittelstrasse and Pfeilstrasse. Or indeed to Neumarkt, which in the 11th century was the site of a cattle and horse market. Nowadays it is the central hub of Cologne's public transport system, and despite its trees looks thoroughly inhospitable, rather like a paved desert, except when it plays host to a Christmas, wine or book market. The north side of the square is an exception. It and the district behind it as far as Breite Strasse have been given a complete facelift. Department stores have been joined by shopping arcades gleaming with chrome and brass, impressive cathedrals of consumerism. Zeppelinstrasse was the first street in Germany to have a covered shopping precinct, the Olivandenhof. Turning left into Richmodstrasse, two horses' heads can been seen looking down from the Richmodis tower onto the hustle and bustle below.

Let us forget that the tower was part of the residence of the Hackeneys, a patrician Cologne family, and that the horses are a reminder of the family coat-of-arms bestowed by Emperor Maximilian. Let us forget too that the tower was not built until the 16th century. For our story, as told by local people, takes place in the 14th century, and is much more interesting. They say that the house of a patrician named von Aducht stood here. In 1357 (to the year) his young wife Richmodis fell victim to the plague. The two gravediggers who dug her grave decided to rob it. They opened the coffin but fled in alarm on seeing Richmodis sit up. “My horses are more likely to run upstairs than my wife to be still alive,” her sheet-white husband is said to have exclaimed. The horses have been upstairs for the past 600 years…

The soul of Cologne people, the roots of the city community, are to be found in the “Veedel” or district. “Here we stick together come what may," sing the Bläck Fööss at the end of every concert. In former times, before the war, it may really have been like that. The social hardship that accompanied advancing industrialisation and group solidarity against external Prussian overlordship, created the conditions for people to stick together as a community. A mixture of joy and suffering, dreams and harsh reality, people sharing a common destiny, with here and there a touch of folklore, in the middle of the city. The Veedel offered refuge, functioned as an "ark" for the soul in the "new world." Though it may be etymologically and geographically correct to translate "Veedel" as an urban district, this does not convey its full reality, its socio-cultural significance. Since the 1970s the Veedel have been enjoying a renaissance. Even now they have a strange power of integration, a homeliness that ties people sentimentally to their city, but is hard for outsiders to comprehend. Severinsviertel, locally known as "Vringsveedel," in the south of the city is a good example. Here everything is a little smaller and cosier. The district is on one of the main roads leading out of Roman Cologne. Its focal point is the church, its inhabitants a colourfully mixed bunch, and all around the necessities of daily life are close at hand. Though scarcely a ten minutes' drive away, the Cathedral seems very far off. Carnival is at its most traditional in the Veedel too. After a three-hour route, the annual Carnival procession held on the Monday before Ash Wednesday really hots up when it reaches the Severinsveedel. Other districts, too have this power of integration which is hard to explain by reason alone. Take, for example, the Belgian quarter or the area around St Agnes' church in the North. Even a district like the "Quartier Latin" (the Cologne version of the Paris student district known to the municipal authorities as Neustadt-Süd), which seems at first sight amorphous, has its roots in a Veedel. It is scarcely conceivable that this buzzing, bustling district with its students and pedestrians, kebab stands and bars was once a retiring place with a large proportion of Jewish culture. The neo-Romanesque synagogue on Rathenauplatz and the neo-Gothic tower of the Herz-Jesu Church on Zülpicher Platz still bear witness to this unworldly past.

Bien peu de choses attirent le regard: aucune maison à colombages, à peine une façade percée de fenêtres, évoquant le bien-être et la chaleur d'un intérieur bourgeois. La rue est étroite, un peu sale même. Les maisons se serrent les unes contre les autres, des murs de briques ou de béton massif et insipide sont venus colmater les brèches qu'y a laissées la dernière guerre. Il n'en reste pas moins que la Ehrenstraße est la rue commerçante la plus tapageuse de toute la ville. Vêtements de cuir mode pour goûts individuels, petits magasins de sciences ésotériques, cafés «branchés», cinémas d'art et d'essai, traiteurs, librairies spécialisées dans la vente de livres d'art. Quel contraste par rapport à la Mittelstraße et la Pfeilstraße, rues avoisinantes bien plus mondaines avec leurs magasins de luxe. Ou encore en comparaison du Neumarkt (Nouveau Marché). Une foire aux bestiaux et aux chevaux s'y tenait au XIe siècle. Aujourd'hui, cette place fait office de plaque tournante des transports publics urbains et est d'aspect inhospitalier malgré les nombreux arbres dont elle est bordée, sauf lorsque le marché de Noël, la Foire du Vin ou du Livre y ont lieu. On s'y croirait plutôt dans un désert pavé. Le côté nord de la place fait exception à cette impression générale. En effet, le quartier a subi un lifting intégral jusqu'à la Breite Straße. Aux grands magasins sont venus s'ajouter des galeries marchandes rutilantes de chrome et de laiton, véritables temples de la consommation. La Zeppelinstraße à proximité du Olivandenhof est la première rue commerçante d'Allemagne a avoir été recouverte. En obliquant vers la gauche pour pénétrer dans la Richmodstraße, on remarquera deux têtes de chevaux qui, de la Tour Richmodis, observent la vive animation environnante.

Nous omettons de dire que cette tour faisait partie de la demeure d'une famille de patriciens colonais du nom de Hackeney. Nous tairons aussi le fait que ce bâtiment ne fut érigé qu'au XVIe siècle. Car, telle qu'elle est racontée par les Colonais, notre histoire se déroule au XIVe siècle et est, d'ailleurs, bien plus divertissante. C'est là que se serait trouvée la maison d'un bourgeois nommé Aducht. En 1357 (les Colonais en savent exactement la date malgré tout), la peste emporta Richmodis, la jeune épouse de ce dernier. Dans l'intention de piller la sépulture, les deux fossoyeurs ouvrent le cercueil et prennent la fuite en voyant Richmodis se redresser. «Mes chevaux grimperont plutôt l'escalier que j'arrive à croire que ma femme est vivante», se serait alors exclamé l'époux, blême comme un linceul. Les chevaux de l'étage supérieur sont là depuis 600 ans …

C'est dans les «Veedel», autrement dit dans les anciens quartiers de la ville, que l'on découvrira l'âme du Colonais, les racines de la communauté urbaine. «He hält mr zosamme, ejal, wat och passeet», «ici on est solidaires les uns des autres quoi qu'il arrive», chantent les «Bläck Fööss» à la fin de chacun de leurs concerts. Qu'il en ait été ainsi avant la guerre est en effet fort probable. La misère dans laquelle vivait la population, un corollaire de l'industrialisation croissante, la solidarité au sein du groupe face aux autorités prussiennes étrangères à la ville, créèrent l'humus qui donna naissance à l'esprit d'entraide régnant à l'intérieur de la communauté. Un mélange de joies et de peines, de rêves et d'amères réalités, une communauté de destin assortie d'éléments folkloriques, tout cela au beau milieu de la grande ville. Dans un «monde nouveau», le «Veedel» était à la fois refuge et arche de Noé au sens affectif du terme. Le traduire simplement par «quartier» est étymologiquement correct et géographiquement exact. Mais cela signifie passer outre la réalité et ignorer la portée de son sens sur le plan socio-culturel. Depuis les années 70, Les «Veedel» connaissent une véritable renaissance. Ils ont gardé, jusqu'à nos jours, une singulière faculté d'intégration difficilement saisissable pour celui qui vient de l'extérieur. Il s'en dégage également cette atmosphère de bien-être et d'intimité qui crée les attaches affectives entre les hommes et leur ville. Le quartier du nom de «Vringsveedel» ou encore «Severinsveedel» peut tenir lieu d'exemple à cet égard. Tout y est plus petit et y respire le bonheur de vivre. Situé à proximité d'une voie de dégagement de la cité romaine de Cologne, il gravite autour de l'église. L'amalgame de la population y est des plus bigarrés et l'on y trouvera tout ce dont on peut avoir besoin dans la vie de tous les jours. La cathédrale se trouve à dix minutes à peine en voiture et semble pourtant si lointaine. C'est encore dans les «Veedel» que le carnaval trouve son expression plus authentique. Tous les ans, le défilé du Lundi gras (Rosenmontag) commence à chauffer dans le quartier Severin, après plus de trois heures de parcours. D'autres quartiers possèdent également ce caractère intégratif difficile à saisir sur le plan rationnel. Le «Quartier belge», par exemple, ou le district s'étendant tout autour de l'église Ste-Agnès, au nord de la ville. Même le «Kwatier Latäng» (pour l'administration municipale, le «quartier latin», version colonaise de l'ancien quartier des étudiants de Paris, est la «Neustadt-Süd») a ses racines dans le «Veedel». On a peine à s'imaginer que cette partie de la ville trépidante et vibrant d'activité, avec ses étudiants, ses joggeurs, ses stands de kebab et ses tavernes fut naguère une localité retirée où la culture juive était fortement représentée. De cet isolement témoigne aujourd'hui encore la synagogue de style néo-roman se dressant sur la Place Rathenau ainsi que la tour néo-gothique de la Herz-Jesu-Kirche (église du Sacré-Cœur), sur la Place Zülpich.

Die Gertrudenstraße mit ihren Lebensmittel- und Krimskramsläden sowie dem Kabarett „Die Machtwächter" verbindet den geschäftigen Neumarkt mit der Einkaufssubkultur auf der Ehrenstraße, der wohl interessantesten, weil skurrilsten Einkaufsmeile der Stadt.

Gertrudenstrasse with its food stores and little shops and the cabaret "Die Machtwächter" runs between busy Neumarkt and Ehrenstrasse with its shopping sub-culture, probably the most interesting and certainly the quirkiest shopping street in the city.

Des épiceries, des petits bazars ainsi que le cabaret «Die Machtwächter» forment la Gertrudenstraße, qui lie le Neumarkt, place très animée, à la sousculture commerciale de la Ehrenstraße, qui est l'une des rues commerçantes les plus intéressantes, car la plus excentrique, dans la ville entière.

Gleich mehrere überdachte Einkaufspassagen haben sich rund um den Neumarkt angesiedelt. Hinter einer neoklassizistischen Fassade laden die Geschäfte des Olivandenhofs zu einem Einkaufsbummel über mehrere Etagen ein. Ein gelungener Branchenmix, bei dem auch das leibliche Wohl nicht zu kurz kommt.

Several covered shopping arcades have opened in the Neumarkt area. Behind a neo-classical exterior the Olivandenhof shops invite shoppers to take a look at what they have to offer on several floors. The shops here make up a successful mixture, with food and drink not being neglected.

Plusieurs galeries marchandes ont ouvert leurs portes autour du Neumarkt. Derrière la façade néo-classique du «Olivandenhof», les magasins invitent les clients à la flânerie sur plusieurs étages. Un mélange réussi, où le manger et le boire n'est pas oublié.

"Ich rauche gern!"
Lotto-Toto
PRESS POINT

CONDITOREI
CAFE

Rund um den Neumarkt haben sich die bedeutendsten Buchhandlungen der Stadt gruppiert. In der Neumarkt-Passage an der Nordseite des Platzes kommen auch Feinschmecker auf ihre Kosten. Von der Passage aus gelangt man mit einem gläsernen Aufzug ins Käthe-Kollwitz-Museum, das viele Kunstwerke und Kostbarkeiten der sozial engagierten Künstlerin beherbergt.

The city's leading bookshops are to be found around Neumarkt, while the Neumarkt-Passage on the northern side of the square serves gourmets well. From the Passage, or arcade, you can take a plate-glass lift to the Käthe-Kollwitz-Museum, which has on show many works of art and other treasures by the socially committed artist.

Les plus importantes librairies de la ville se sont regroupées autour du Neumarkt, tandis que le Neumarktpassage, de l'angle nord de la place, offre aux gourmets de quoi se satisfaire pleinement. Du passage commercial, un ascenseur en verre mène le visiteur au «Käthe-Kollwitz-Museum», qui abrite des œuvres d'art et autres raretés de cette artiste engagée socialement.

Karneval: mal Prunk, mal Stunk

In der Woche vor Weiberfastnacht, die den offiziellen Beginn des Straßenkarnevals markiert, verändert die Domstadt ihr Gesicht: Mächtige Stahltribünen flankieren den Straßenrand, U-Bahn-Schächte werden verbarrikadiert, Fensterscheiben mit Holzbohlen gesichert, Straßenabsperrungen vorbereitet. Die Stadt hat dann nur noch ein Thema, den Rosenmontagszug. Ein perfekt einstudiertes Mehrmillionen-Spektakel mit Prunk und Pracht, Blumen („Strüßcher") und Bonbons („Kamelle"). Am Rosenmontag feiert der Karneval seinen Höhepunkt. Ungefähr eine Million Menschen stehen kostümiert am Straßenrand, schunkeln schon Stunden vorher. Sie brauchen Stehvermögen wie die Zuschauer am heimischen TV Sitzfleisch. Rund sechs Kilometer ist der Zug lang. Vorbeimarschzeit bis zu vier Stunden. An den tollen Tagen die Stadt besichtigen? Keine Chance. Die Museen sind allesamt dicht, die Behörden geschlossen, die Innenstadt weiträumig abgesperrt.

Der Straßenkarneval ist natürlich nur eine Facette der Kölner Narretei. Da ist zunächst das offizielle Bild, wie es die Medien landesweit transportieren: Traditionsreiche Karnevalsgesellschaften – mehr als 50 sind beim Festkomitee des Kölner Karnevals registriert – veranstalten Prunksitzungen. Dreigestirn und Funkenmariechen gehören ebenso dazu wie die heimischen Musikgrößen und Büttenredner. Bis zu 400 Sitzungen und Bälle geben dem Kölner in der fünften Jahreszeit, die auch „Fastelovend" oder „Fasteleer" genannt wird, Gelegenheit, die Grenzen der bürgerlichen Existenz zu sprengen und sich über die Welt, seine Stadt und vor allem sich selbst lustig zu machen. Davon wird reichlich Gebrauch gemacht. Nicht nur bei den Traditionskorps wie den Roten oder Blauen Funken, den Altstädtern, der Prinzen- oder Ehrengarde. Wer in den Kölner Gesellschaftskreisen vorankommen will, kommt um eine Mitgliedschaft kaum umhin. Der organisierte Frohsinn ist mitunter eine bierernste Sache. Kein Wunder, daß die junge, freiheitsliebende Generation wenig mit dem Lackschuhkarneval, der Koalition aus Funktionären und Politikern, zu tun haben wollte. Anfangs flüchtete man in die Eifel. Doch ganz wollte man die Stadt nicht den organisierten Narren und Jecken überlassen. 1984 machte man erstmals Stunk statt Prunk. In einem Jahrzehnt hat sich die Stunksitzung als rotzig-freche Alternative mit einer Mischung aus Kabarett und Klamauk fest etabliert. Seitdem leben Stunk- und Prunksitzung in friedlicher Koexistenz, denn beide haben ihr spezielles Publikum. Unstrittig ist, daß die stets ausverkaufte Stunksitzung Menschen zu Sitzungsbesuchern gemacht hat, die vorher nicht im Traum daran gedacht hätten, sich bei ihren Nachbarn schunkelnd einzuhaken. Hier ist der Karneval scheinbar zu seinen Wurzeln zurückgekehrt.

Diese liegen im späten Mittelalter. Vor der Fastenzeit durften die Kölner noch einmal gut essen, trinken und lustig sein. Die Obrigkeit hatte damit jahrhundertelang große Probleme, wurden doch im Schutz der Maskerade auch zahlreiche Straftaten begangen. Besonders den französischen Revolutionären, die die Stadt 1794 einnahmen, muß das närrische Treiben suspekt gewesen sein. Hier rollten die Köpfe nicht, hier tollten sie umher! Erst die Preußen brachten mit dem „Festordnenden Komitee" 1823 Ordnung in den Karneval, und so sind die Kölner Stadtsoldaten letztendlich wohl eine Persiflage auf den preußischen Kommiß.

Während die anderen Karnevalsstädte am Rhein mit einem Prinzenpaar auskommen, leistet sich die Hochburg gleich ein Dreigestirn. Dem Prinzen stehen eine männliche Jungfrau als Symbol für die unversehrte, freie Reichsstadt sowie der Bauer, der die Wehrhaftigkeit versinnbildlicht, zur Seite.

Zu den schönsten, weil ursprünglichsten Seiten zählt der Karneval im Veedel. Überall wird ausgelassen gefeiert. Das beginnt mit Weiberfastnacht in den Kneipen und mit Biwaks auf den Plätzen, hat einen ersten Höhepunkt mit den Schul- und Veedelszügen am Sonntag, setzt sich mit den Umzügen in den Vororten am Karnevalsdienstag fort und findet sein jähes wie heftig beweintes Ende mit der Nubbelverbrennung in der Nacht zum Aschermittwoch. Doch am Aschermittwoch ist längst nicht alles vorbei. In Köln ist irgendwo das ganze Jahr Karneval. Das gilt für die Politik (manchmal), das gilt für den FC (häufig), vor allem aber gilt es für die ungezählten Vereine und Gesellschaften. Denn das Phänomen Karneval ist eine der wichtigsten bürgerlichen Infrastrukturen mit ungeheurer Integrationskraft. Köln auf den Kopf zu stellen, bedeutet viel Arbeit. Die Vorbereitungen sind ganzjährig, die Bedeutung für Fremdenverkehr und Wirtschaft ist kaum mit Zahlen zu messen. Und alles hat in dieser Stadt seinen Platz: Prunk- wie Stunksitzung, Rosenmontags- wie Geisterzug. Denn: Jeder Jeck ist anders.

Carnival: a combination of "show" and "stink"

In the week leading up to Weiberfastnacht, the day when women take control and which marks the official start of the street Carnival, the face of the cathedral city is transformed. The streets are lined with massive steel grandstands, subway entrances are barricaded, windows safely boarded up, street closures prepared. The city has only one thing in mind, the Rosenmontag Carnival parade. It is a perfectly rehearsed multimillion spectacular filled with pomp and pageantry, flowers ("Strüsscher") and sweets ("Kamelle"). The procession on Rosenmontag, the Monday before Ash Wednesday, is the high spot of the Carnival season. For hours before it arrives, around one million people in fancy dress line the streets, linking arms and swaying to the music. They need as much standing power as people watching the event on local TV do the ability to sit still. The procession is around six kilometres long. It takes up to four hours to pass. No chance to visit the town during the "mad days." The museums are all closed, public offices shut, the inner city largely closed to traffic.

Of course, the street Carnival is only one facet of Cologne Carnival craziness. First there is the official picture broadcast throughout Germany by the media: the "Prunksitzungen" or ritual, mock-serious, formal Carnival sessions held by traditional Carnival societies – more than 50 are registered with the Cologne Carnival Festival Committee. Traditional characters like Dreigestirn and Funkenmariechen are an essential part of these splendid events, as are Carnival speechmakers and top local musicians. In the "fifth season", known locally as "Fastelovend" or "Fasteleer," up to 400 Carnival meetings and balls give the people of Cologne the opportunity to burst the bounds of bourgeois existence and to make fun of the world, their city and above all themselves. They certainly make good use of it, and not only in traditional bodies with names like the Red or Blue Sparks, the Altstädter, the Prince's Guard or Guard of Honour. Membership of a Carnival society is essential for anyone who wants to get ahead in Cologne social circles. Organised merriment is sometimes a deadly serious matter. No wonder the young, freedom-loving generation wanted little to do with the patent-shoe Carnival, the coalition of officials and politicians. At first they sought refuge in the Eifel mountains. And yet they did not want to leave the city entirely to the organised fools and jesters. In 1984 they held the first alternative Carnival event, which they dubbed "Stunk" to rhyme with "Prunk," though it means something quite different, "Prunk" having the sense of show and pageantry, and "Stunk" more akin to kicking up a stink. In a decade the Stunksitzung, or alternative "stink session" was firmly established as a disrespectful, cheeky alternative with a mixture of cabaret and slapstick. "Stunk" and "Prunk" now coexist peacefully, each with its particular clientele. One thing is indisputable: the "Stunk" session, which is always sold out, has attracted people who would previously never have dreamt of linking arms and swaying with their neighbours. Apparently, Carnival has returned to its roots.

These are to be found in the late Middle Ages, when Cologne people were allowed to eat, drink and be merry one last time before the Lenten fasting season. For centuries Carnival was a big problem for the authorities, for the masquerade provided a cover for numerous crimes. The mad goings-on must have seemed particularly suspicious to the French revolutionary troops who marched into the city in 1794. Here was a city where heads did not roll, but rollicked about! It was the Prussians who brought order to the Carnival by establishing, in 1823, a "Festival Organising Committee." Thus Cologne's Carnival soldiers are in the final analysis probably a pastiche of the Prussian army.

While other Carnival cities on the Rhine manage with a royal couple, Cologne, the Carnival stronghold, has to have a Dreigestirn, or Big Three. At the Prince's side are a masculine maiden as a symbol of the intact, free imperial city, and a farmer, symbolising the ability to put up a fight.

One of the most attractive, because most original aspects of Carnival can be seen in the Veedel. Everywhere people indulge in wild celebrations. It begins in the pubs on Weiberfastnacht and with bivouacs on the squares, reaches its first climax with the school and Veedel parades on Sunday, continues with the processions in the suburbs on Carnival Tuesday and comes to an abrupt and sadly lamented end with the burning of "Nubbel" in the night before Ash Wednesday. But even on Ash Wednesday it is by no means all over. Somewhere or other in Cologne it is Carnival all year round. This applies to politics (sometimes), the football club (frequently), but above all to the numerous clubs and societies. For the Carnival phenomenon is one of the most important infrastructures supporting this city, and exercises a tremendous integrative force. Turning Cologne on its head means a great deal of work. Preparations go on all year, and the importance of Carnival for tourism and the economy can hardly be measured in numbers. In this city there is a place for everything, the "Prunk" and "Stunk" sessions, the Rosenmontag procession and the parade of ghosts. After all, everyone is different.

Pendant la semaine du «Carnaval des femmes» qui marque le début officiel des festivités dans les rues, la ville change de visage: d'énormes tribunes d'acier sont aménagées en bordure des rues, les bouches de métro barricadées, les vitres des fenêtres bardées de planches, des barrages de rue prêts à être installés. La cité n'est plus dominée que par un seul sujet: le défilé du Lundi gras. Spectacle de parade parfaitement orchestré, semé de fleurs («Strüsscher») et de bonbons («Kamelle»), il rassemble plusieurs millions de personnes. Le carnaval atteint son point culminant le Lundi gras. Des heures déjà avant son passage, un million de personnes environ, toutes déguisées, bordent les rues, se balançant en cadence, bras dessus, bras dessous. A rester ainsi, debout, il leur faut autant d'endurance qu'aux spectateurs contemplant, de chez eux, le spectacle à la télévision. Le défilé atteint six kilomètres environ et jusqu'à quatre heures s'écoulent avant que son passage ne soit terminé. Visiter la ville pendant ces jours de liesse? Inutile d'essayer. Tous les musées sont clos, les administrations fermées, le centre-ville barré dans un vaste périmètre.

Le carnaval des rues n'est bien sûr qu'une des facettes de la «folie» colonaise. Il y a là, tout d'abord, l'image officielle telle qu'elle est véhiculée par les médias à travers le pays tout entier : celle des «sociétés» traditionnelles du carnaval – plus de 50 sont enregistrées auprès du Comité des Fêtes du Carnaval de Cologne – qui organisent des manifestations de gala. La troïka princière ainsi que des majorettes en fait partie au même titre que les vedettes de la scène musicale et les humoristes du carnaval. Pendant cette cinquième saison de l'année, appelée également «Fastelovend» ou encore «Fasteleer», environ 400 soirées et bals donnent aux Colonais l'occasion d'outrepasser les limites de l'existence bourgeoise et de se moquer du monde, de leur ville, mais avant tout d'eux-mêmes. Et tous en font largement usage. Cela ne vaut pas que pour les corporations traditionnelles, telles que les «Etincelles rouges et bleues», les «Altstädter» ou la Garde princière et la Garde d'honneur. Quiconque, dans la bonne société de Cologne, veut faire son chemin, ne peut se passer de devenir membre d'une de ces sociétés. La bonne humeur organisée et bien huilée est parfois une affaire des plus sérieuses. Rien d'étonnant donc à ce que la jeune génération, éprise de liberté, ne veuille plus rien savoir de ce carnaval vernissé, rassemblant fonctionnaires et hommes politiques. Ainsi est-elle allée tout d'abord se réfugier dans les montagnes de l'Eifel. Mais, finalement, elle ne voulut pas abandonner la ville aux «fous» organisés. C'est en 1984 qu'eut lieu une première séance alternative à côté des soirées d'apparat. Proposant un mélange de cabaret et de canulars, ce genre de manifestation a vite réussi à s'établir dans le monde du carnaval de Cologne. Depuis lors, séances d'apparat et carnaval alternatif cohabitent dans la paix la plus parfaite, chacun ayant son public attitré. Il est incontestable que ce genre de manifestations alternatives ont acquis au carnaval nombre de personnes qui n'auraient jamais pensé auparavant pouvoir prendre leur voisin par-dessous le bras et se balancer en cadence avec lui. A cet égard, le carnaval semble en être revenu à ses origines.

Celles-ci remontent à la fin du Moyen Age. Les Colonais avaient encore une fois le droit de bien manger et de boire ainsi que de se réjouir avant que ne commence le Carême. Aussi les autorités se heurtèrent-elles, pendant des siècles, à de sérieux problèmes du fait des nombreux délits, commis à la faveur de la mascarade. Ces jours de liesse durent paraître particulièrement suspects aux révolutionnaires français qui prirent la ville en 1794. En effet, les têtes n'y roulaient pas, mais folâtraient à travers les rues. Ce sont les Prussiens qui, les premiers, vinrent mettre de l'ordre dans le carnaval en instaurant le «Comité d'Ordre des Fêtes» en 1823. Ainsi les «soldats de la ville» de Cologne ne sont-ils finalement qu'un persiflage du bidasse prussien.

Tandis que les autres villes des bords du Rhin, où se fête également le carnaval, se contentent d'un couple princier, le bastion des divertissements carnavalesques se paie le luxe d'une troïka. En effet, le prince dispose, à ses côtés, d'un puceau, symbole de la ville impériale libre et intacte, ainsi que d'un paysan incarnant la vaillance.

Le carnaval célébré dans les «Veedel» compte parmi les plus plaisants et les plus authentiques du genre. Partout on fête avec entrain. C'est dans les tavernes et sous les bivouacs installés sur les places que, dans la nuit du «Carnaval des Femmes», commencent les festivités qui atteignent un premier point culminant avec les défilés des écoles et les cortèges des «Veedel», le jour du Mardi gras, pour se terminer subitement et au regret de tous, lorsque, dans la nuit du Mercredi des Cendres, est brûlée la poupée de paille, appelée ici «Nubbel». Cependant, tout ne se termine pas ce jour-là. Tout au long de l'année, le carnaval a toujours lieu quelque part à Cologne. Cela vaut tant dans le domaine politique (quelquefois) que pour le Club de Football de Cologne (plus fréquemment) mais aussi et surtout pour les innombrables associations et sociétés. Car le phénomène que représente le carnaval est l'une des infrastructures bourgeoises les plus importantes, dotée qu'elle est d'une puissante force d'intégration. Vouloir mettre Cologne sens dessus-dessous est chose ardue. Les préparatifs de la nouvelle saison du carnaval ont lieu tout au long de l'année et il est quasiment impossible d'en chiffrer l'importance sur le plan du tourisme et de l'économie. Tout a finalement sa place dans cette ville: A chacun son carnaval.

Während man allerorts mit vier Jahreszeiten auskommt, leisten sich Köln und das Rheinland eine zusätzliche, die sich Karneval nennt. Die kostümierten Jecken und Narren gehen an den tollen Tagen zwischen Weiberfastnacht und Rosenmontag in die Millionen. Auch wenn Kölsch und Korn in Strömen fließen, Randale gibt es so gut wie kaum. Denn: Jeder Jeck ist anders – und in Köln ist dies gelebte Realität.

While everyone else gets by with four seasons, Cologne and the Rhineland boast a fifth: the carnival season. Millions of people go out in fancy dress during the carnival period between Weiberfastnacht and Rosenmontag. Beer and spirits are drunk in enormous quantities, but there is very little trouble. As the local proverb has it, "Jeder Jeck ist anders" (everyone is different), and Cologne people believe it and are happy to live and let live.

Alors que partout ailleurs quatre saisons suffisent amplement, Cologne et la Rhénanie s'en accordent, avec le carnaval, une supplémentaire. Des millions de personnes se déguisent pendant la période située entre «Weiberfastnacht» («Carnaval des femmes») et Lundi gras. D'énormes quantités de «Kölsch» et d'eau de vie sont consommées, mais on ne note aucun acte de vandalisme important. «Jeder Jeck ist anders» («à chacun son carnaval») dit le proverbe local, et c'est à Cologne le mot d'ordre.

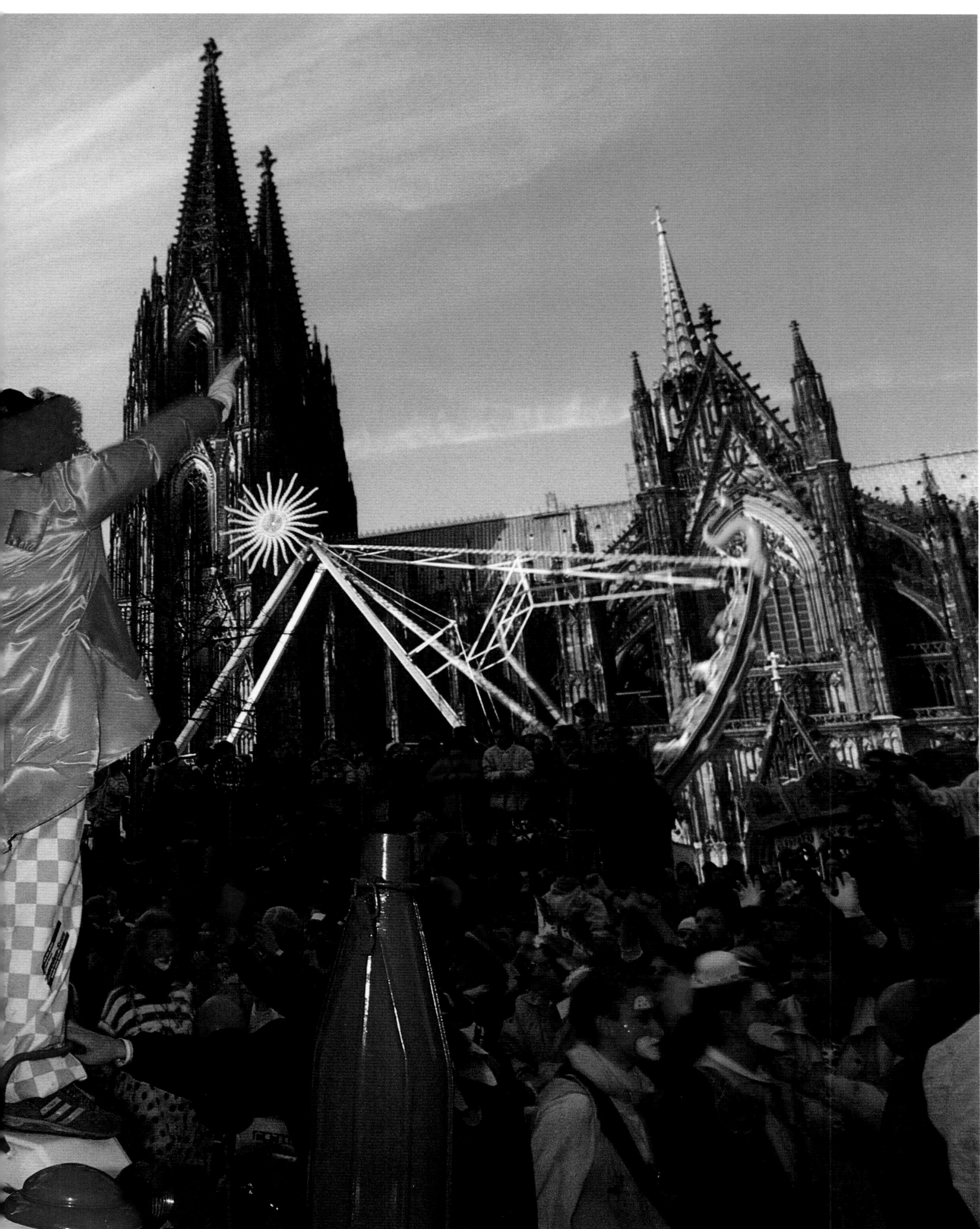

Die Zahlen einer Unternehmensberatung überraschten selbst den Auftraggeber: Rund eine halbe Milliarde Mark setzt der Kölner Karneval alljährlich um, sichert zudem an die 3000 Arbeitsplätze. Karneval – eine riesige ABM-Maßnahme für Büttenredner, Dreigestirn und Funkenmariechen? Das Kölsch jedenfalls gehört dazu. Gesprochen und getrunken. Dies vor allem. Kölsch ist ein schnelles Bier: Es wird schnell gebraut, schnell gebracht und schnell getrunken. Obergärig eben. Das „blonde Naß" schmeckt leichtherb, ist bekömmlich und hat einen hohen Hopfengehalt. Brauen hat in der Domstadt eine über 1000jährige Tradition. Als einzige der im Mittelalter in Köln gegründeten Handwerkervereinigungen besteht die „St.-Peter-von-Mailand-Bruderschaft" der Bierbrauer bis heute. Alljährlich wird das Patronatsfest gefeiert, man hält eben auf Tradition. Im vergangenen Jahrhundert gab es noch weit mehr als 100 Brauereien. Heute produzieren 13 Brauereien den Gerstensaft für 24 Kölsch-Marken. Das ist mehr als in jeder anderen Stadt auf der Welt. Getrunken wird das Kölsch in einem Radius von 50 Kilometern rund um den Dom. Dort ist man Marktführer. Und wehe, es mischt sich jemand ein. Kölsch ist eine qualifizierte geografische Herkunftsbezeichnung und dementsprechend geschützt. Da sind die Bierbrauer von Köln genauso rigoros wie die Schaumweinhersteller der Champagne. In der „Kölsch-Konvention" haben sich die Mitgliedsbrauereien verpflichtet, ihre Sortenspezialität gegen Nachahmungen von außen zu schützen. Kartellamtlich anerkannt. Die Kölner Brauereien sind ein Spiegelbild der Industriekultur. Da gibt es die Brauerei des 21. Jahrhunderts in Feldkassel. In blitzenden, zehn Meter hohen Edelstahlbehältern reift hier bei „Früh" der Gerstensaft computergesteuert heran. Rechtsrheinisch, in Kalk, gilt „Sünner" als ein Beispiel für das Brauen um die Jahrhundertwende. Die Kölsch-Institution schlechthin ist die Hausbrauerei „Päffgen". An der Friesenstraße wird das Brauen noch als Handwerk verstanden.

Das Kölsch ist ein schnelles Bier. Der Köbes bringt rasch Nachschub – bis auf Widerruf.

There is nothing slow about Kölsch, the local beer. The waiter keeps plying you with fresh glasses until you say stop.

La «Kölsch» est une bière qui se boit vite, et qui est, sans avoir été commandée, rapidement remplacée par le «Köbes», jusqu'à contre-ordre.

Hier sollen die „Brauknechte" besonders ruppig sein. Stimmt aber nicht. Kontra geben und man wird akzeptiert. „Köbes" heißen sie, und ihre Kleidung ist unverwechselbar: blaugestricktes Wams, blauleinener Schurz, eine lederne Geldtasche um die Hüfte geschnallt. Köbes ist kein Beruf – es ist eine Symbiose aus Tätigkeit und Weltanschauung.

Die Karriere des „Kölnisch Wasser" begann 1792 als Arznei und Wunderwasser. Das Rezept der in Weingeist gelösten Blütenessenzen ist bis heute eines der bestgehüteten Geheimnisse der Stadt. Napoleon wäre 1810 beinahe dahintergekommen. Er erließ ein Dekret, das zur Preisgabe des Rezeptes geführt hätte. Aber nur beinahe. Fortan stufte man es etwas bescheidener als Duftwasser ein. Als die französischen Besatzer 1796 die Stadt durchnumerierten, erhielt das Haus Muelhens in der Glockengasse, heute ein Neubau mit einer allerdings prachtvoll vorgeblendeten neugotischen Fassade, die Nummer 4711. Der Schriftzug von 4711 am Messeturm ist aus der Stadtsilhouette verschwunden, und die ehemalige Pferdepost-Parfümerie nennt sich jetzt „Muelhens Cologne-Paris-New York".

Der Arbeitsplatzverlust in Köln läuft langsam, aber stetig. Seit 1991 hat das „Wirtschaftszentrum West" ein Viertel der industriellen Arbeitsplätze verloren. Ob Ford, Klöckner-Humboldt-Deutz oder die Chemische Fabrik in Kalk: überall herrscht Aderlaß. Die Branche der Zukunft ist ausgemacht. „Köln wird Medienstadt" heißt die Parole. Mit dem „Mediapark" am Rande der Innenstadt wurde gleich ein ganzer Stadtteil aus dem Boden gestampft. Anspruch und Wirklichkeit klaffen indes noch weit auseinander. Denn die Medien-Branche siedelt auf der grünen Wiese. Die Fernsehsender Vox und Viva etwa, RTL und Deutschlandfunk. Nur der Westdeutsche Rundfunk prägt mit seinen zwölf Gebäuden in der Innenstadt und den modernen WDR-Arkaden an der Nord-Süd-Fahrt das Stadtbild. Rund um den Bereich Film und Fernsehen haben sich 200 Produktions- und 600 Zulieferfirmen angesiedelt. Gedreht wird überall. Am Hauptbahnhof, im Rotlichtbezirk, in den Veedeln, auf dem Rhein. Eine Stadt voller Kameras. Ausschlaggebend für den Boom sind weder die Mieten noch wirtschaftliche Faktoren. Die Lebensqualität der Stadt, das Ambiente stimmt.

The figures the management consultants came up with surprised even their client: the Cologne Carnival has a turnover of around half a billion marks each year and provides getting on for 3,000 jobs. Carnival – a gigantic job creation scheme for carnival speechmakers and the various figures of fun who are part of the carnival scene? Kölsch, a word which signifies both Cologne dialect and Cologne beer, is certainly part of it, both spoken and liquid versions. Above all the liquid Kölsch. Kölsch is a fast beer – brewed fast, served fast and drunk fast. Top-fermented. The "blond wet stuff" tastes slightly bitter, is easily digested and has a high hop content. Brewing has a 1,000 year-plus tradition in the cathedral city. The "Brotherhood of St Peter of Milan," the brewers' guild, is the only one of the Cologne craft guilds founded in the Middle Ages still in existence. Still now they keep up the annual tradition of celebrating their patron saint's day. Last century there were well over a hundred breweries. Nowadays there are 13 breweries manufacturing the beer for 24 brands of Kölsch, more than in any other city in the world. Kölsch is drunk in a 50-kilometre radius around the Cathedral. There it is the market leader. And woe betide anyone who tries to interfere. Kölsch is an approved geographical denomination of origin and hence a protected brand name. Cologne brewers are just as adamant about this as the manufacturers of champagne. The breweries have joined to form a Kölsch Convention whose members undertake to guard their speciality beer against imitations. The Cologne breweries are a reflection of industrial culture. At Früh in Feldkassel one can see the brewery of the 21st century – gleaming, ten-metre-high stainless steel containers in which the beer is matured by computer. On the right bank of the Rhine, in Kalk, the Sünner brewery provides an example of the way beer was brewed around the turn of the century. Best-known of the Kölsch institutions is the Päffgen house brewery in Friesenstrasse, where brewing is still treated as a craft. The barmen here have a reputation for being particularly gruff, but it isn't true. Give as good as you get and you are accepted. Nicknamed "Köbes," their uniform is unmistakable: a blue knitted waistcoat, blue linen apron, and a leather money bag strapped round their hip. Being a "Köbes" is not a profession, but rather a symbiosis of activity and a particular outlook on life.

The career of eau de Cologne began in 1792 as a medicine and miracle potion. Still today the recipe for the floral essences dissolved in alcohol is one of the city's best kept secrets. Napoleon almost got to the bottom of it in 1810. He issued a decree which almost – but only almost – led the

recipe to be revealed. From that time on it was classified somewhat more modestly as a scent. In 1796 when the French occupation forces were issuing house numbers, the Muelhens building in Glockengasse was given number 4711. Nowadays there is a new building on the site, though it has a brilliantly simulated neo-Gothic facade. The 4711 logo on the trade fair hall tower has disappeared from the city skyline and the perfumery with the post-chaise trademark is now simply "Muelhens Cologne-Paris-New York."
Slowly but surely, jobs are being lost in Cologne. Since 1991 the "Business Centre West" has lost a quarter of its industrial workforce. Ford, engineering manufacturers Klöckner-Humboldt-Deutz, Kalk chemicals – all are shedding staff. The industry of the future is already certain. "Cologne will be a media city" is the watchword. With the Media Park on the edge of the city centre a whole new district has come into being. However, aspirations and reality are still far apart, because the media industry – TV stations Vox and Viva, RTL and radio station Deutschlandfunk, for example – tends to prefer greenfield sites. Only the twelve city centre buildings and the modern arcades on Nord-Süd-Fahrt belonging to radio and TV station Westdeutscher Rundfunk still mark the townscape. Around 200 film and TV production companies and 600 suppliers have established themselves here too. Films are made everywhere – at the main station, in the red light area, in the Veedel, on the Rhine. The city is full of cameras. It is neither rents nor economic factors which have led to the boom, but simply the quality of life in the city, and the right ambience.

Das rechtsrheinische Deutz ist Standort der bedeutenden KölnMesse.

Deutz on the right bank of the Rhine is the home of KölnMesse, the city's trade fair grounds.

L'emplacement de l'importante foire «KölnMesse» est à Deutz, situé sur la rive droite du Rhin.

Les chiffres fournis par un consultant en gestion surprirent même le commanditaire: le total des opérations commerciales réalisées pendant le carnaval de Cologne se monte chaque année à un demi-milliard de marks, les festivités assurant, qui plus est, environ 3000 emplois. Le carnaval serait-il donc une mesure d'aide à l'emploi pour humoristes, prince, princesse et consor, ou pour majorettes? Le «Kölsch» (tout ce qui est typiquement colonais) en fait, sans nul doute, partie intégrante. Que ce soit sous sa forme parlée ou liquide. Mais avant tout sous cette dernière. «Kölsch» est le nom de la bière que l'on dit, ici, «rapide». Elle est fabriquée selon des méthodes de brassage rapides, est vite servie et vite bue. En raison précisément de sa haute fermentation. Ce «blond breuvage» a un goût légèrement amer, est très digeste et possède une teneur élevée en houblon. Brasser la bière fait partie de la tradition millénaire de la ville épiscopale. La «St.-Peter-von-Mailand-Bruderschaft» (Confrérie des brasseurs de St-Pierre-de-Milan) est la seule des corporations d'artisans fondées au Moyen Age à Cologne à exister encore de nos jours. La fête du saint patron est célébrée tous les ans, tradition oblige. Au siècle passé, on comptait encore plus de cent brasseries. Aujourd'hui, 13 brasseurs produisent le «jus de houblon» pour 24 marques colonaises. Plus que dans toute autre ville du monde. Le «Kölsch» est bu à 50 kilomètres à la ronde, tout autour de la cathédrale. La bière de Cologne est leader sur le marché. Gare, d'ailleurs, à qui viendra s'ingérer dans l'affaire. «Kölsch» est une marque d'origine géographique déposée et protégée en conséquence. Sur ce point, les brasseurs de bière de Cologne sont aussi rigoureux que les fabricants de champagne de la région du même nom. Dans le cadre de la «Convention colonaise», les brasseries ayant adhéré à cette dernière se sont engagées à protéger leurs spécialités et sortes de bières contre toute contrefaçon venant de l'extérieur. Protection reconnue par l'office des cartels. Les brasseries de Cologne sont le reflet de la civilisation industrielle. Il y a là, par exemple, la brasserie du XXIe siècle, la firme «Früh», à Feldkassel, où la bière mûrit selon une méthode de fabrication entièrement informatisée dans des réservoirs en acier affiné rutilants, de 10 mètres de haut. Sur la rive droite du Rhin, à Kalk, «Sünner» passe pour être un exemple du brassage de la bière tel qu'il se pratiquait au tournant du siècle. L'institution locale par excellence est la brasserie du nom de «Päffgen», située en bordure de la Friesenstraße. La méthode de brassage répond encore à une conception artisanale du métier. Les «valets-brasseurs» y sont, dit-on particulièrement rustauds. Ce qui, en vérité, ne correspond pas à la réalité. Il suffit de riposter vertement pour se faire entendre. Les «Köbes» portent des vêtements typiques: gilet de tricot bleu, tablier de toile bleue, portefeuille de cuir pendant sur les hanches. Etre «Köbes» n'est pas un métier – c'est la symbiose de l'activité exercée et d'une philosophie.
L'eau de Cologne commença sa carrière en 1792 en tant que médicament et panacée universelle. La recette de ces essences de fleurs macérées dans l'eau-de-vie est l'un des secrets de la ville les plus jalousement gardés jusqu'à nos jours. Napoléon faillit percer ce secret en 1810. Il avait en effet promulgué un decret dans le but de contraindre les fabricants à révéler la formule du médicament. Sans parvenir à ses fins, car l'eau de Cologne fut déclarée plus modestement «eau parfumée». Lorsque, en 1796, les occupants français numérotèrent les rues de la ville, la Maison Muelhens, sise Glockengasse, se vit attribuer le numéro 4711. La griffe «4711» qui ornait la «Messeturm» (Tour du parc des expositions) a disparu de la silhouette de la ville et l'ancienne parfumerie du Relais de Poste porte dorénavant le nom de «Muelhens Cologne–Paris–New York».
A Cologne, la suppression d'emplois continue lentement mais sûrement de progresser. Depuis 1991, le «Centre économique Ouest» a perdu un quart des emplois industriels dont il disposait. Que ce soit chez Ford, Klöckner-Humboldt-Deutz ou à la «Chemische Fabrik» de Kalk, partout l'hémorragie se poursuit. Le secteur économique de l'avenir ne fait plus aucun doute. «Cologne deviendra une ville des médias», tel est le mot d'ordre actuel. L'instauration du «Media-Park» à la périphérie du centre-ville a entraîné la création de tout un quartier. Une profonde disparité continue toutefois d'exister entre exigence et réalité. Car la branche des médias s'implante en pleine campagne. Tels les chaînes de télévision Vox et Viva, par exemple, RTL et le Deutschlandfunk. Seuls le Westdeutscher Rundfunk (la radio ouest-allemande) et ses douze bâtiments au centre-ville ainsi que les arcades modernes de ce dernier, en bordure de l'artère nord-sud, continuent de marquer de leur sceau le paysage urbain. Deux cents firmes de production et six cents sous-traitants sont venus s'implanter dans le sillage de l'industrie du film et de la télévision. Partout on tourne. A la gare, dans le quartier chaud, dans les «Veedel», sur le Rhin. Une ville regorgeant de caméras. Ni les loyers, ni les facteurs économiques n'ont d'influence déterminante sur ce boom. La qualité de la vie, l'atmosphère régnant au sein de la cité: tout est là.

Das Brauhaus Peter Josef Früh, keine zwei Fußminuten von Dom und Hauptbahnhof entfernt, zählt zu den typischsten kölschen Wirtschaften. Zu trinken gibt es ungefragt ausschließlich Kölsch, zu essen bodenständige Hausmannskost. Empfehlenswert aus der regionalen Küche sind der Rheinische Sauerbraten sowie „Himmel und Ääd“, mit Äpfeln (vom Himmel) gestampfte Kartoffeln (Erde) mit gebratener Blut- und Leberwurst.

The Brauhaus Peter Josef Früh, a brewery inn not two minutes' walk from the Cathedral and the main railway station, is one of the most typical Cologne hostelries. Kölsch beer is the only drink served, and the food is fine local fare. Recommended regional dishes include Rheinischer Sauerbraten (braised beef) and Himmel und Ääd (Heaven and Earth), or potatoes (earth) mashed with apples (heaven) and served with fried blood and liver sausage.

La brasserie «Peter Joseph Früh», située à deux minutes à peine de la cathédrale et de la gare centrale, est l'un des établissements gastronomiques les plus typiques de Cologne. Si on ne commande pas d'autre boisson, la «Kölsch» est la seule servie, et la bonne cuisine locale est au menu. Il est recommandé de goûter aux spécialités comme le «Rheinischer Sauerbraten» (viande marinée), ainsi que le «Himmel und Ääd» («ciel et terre»), où pommes (du ciel) et pommes de terre forment une purée servie accompagnée de boudins et de pâté de foie.

Das neue Köln der Jahrtausendwende ist auf dem Gelände eines ehemaligen Güterbahnhofs entstanden. Zwar erfüllten sich mit dem futuristischen Media-Park nicht alle Träume, ein Anlaufpunkt für die Branche der Zukunft ist das Areal allemal. Das Bild zeigt den künstlichen See sowie (von links nach rechts) das Kommunikations- und Medienzentrum, das Agfa-Haus mit Radio Köln und WDR sowie den Cinedom.

The new, turn-of-the-millennium Cologne has taken shape on the site of an old railway goods yard. The futuristic Media-Park may not have lived up to everyone's dreams, but it has certainly attracted an industry with a future. The picture shows the artificial lake as well as (from left to right) the Communication and Media Centre, the Agfa Building which houses Westdeutscher Rundfunk and Radio Köln and the Cinedom.

C'est sur le site d'une ancienne gare de marchandises que la Cologne de cette fin de siècle prend forme. Il est vrai que tous les rêves liés au «Media-Park» ne se sont pas réalisés, pourtant cette zone constitue un tremplin pour les activités de cette branche du futur. En illustration le lac artificiel ainsi que, de gauche à droite, le «Centre de la Communication et des Médias», la «Maison Agfa» abritant «Radio Köln» et le «Westdeutscher Rundfunk» ainsi que le «Cinedom».

CINEDOM
SATURN

Zum Preis einer Straßenbahnfahrkarte läßt sich von der Hohenzollernbrücke eine gut halbstündige Bootsfahrt ins südliche Rodenkirchen unternehmen. Vorbei an Altstadt, Schokoladenmuseum, Rheinauhafen und Severinsbrücke geht es stromaufwärts zum Anfang des Jahrhunderts erbauten „Siebengebirgslagerhaus“ (Bild) am Agrippinaufer.

For the price of a tram ticket you can travel half an hour by steamer from Hohenzollernbrücke to Rodenkirchen on Cologne's southern outskirts, sailing upstream past the Altstadt, the Chocolate Museum, the Rheinauhafen marina and Severinsbrücke to the Siebengebirgslagerhaus (photo), built early this century on Agrippinaufer.

Pour le prix d'un billet de tramway, on peut prendre part à une promenade en bateau d'une demi-heure à partir du pont Hohenzollern jusqu'à Rodenkirchen dans le sud de Cologne. En passant par la vieille ville, le musée du chocolat, le «Rheinauhafen» et le pont «Severinsbrücke», on remonte à contre-courant vers la «Siebengebirgslagerhaus» (photo), construite au début du siècle sur la rive Agrippina.

HYUNDAI
P&O
KOOS

Köln ist linksrheinisch. Zweifellos. Mag das Stadtgebiet auch zu beinahe gleichen Teilen links wie rechts des Stroms liegen, mögen Messe, Rheinpark, Tanzbrunnen und Flughafen auf der „schäl Sick", der Deutzer Seite, angesiedelt sein, der Puls der Stadt und ihrer Geschichte schlägt nun einmal auf der Domseite. Jenseits des Rheins, meinen die Einheimischen, beginnt der wilde Osten, manche behaupten gar Sibirien. So schlimm ist es freilich nicht. Hier, auf der „schäl Sick" (das heißt soviel wie „blinde Seite" und stammt aus der Zeit, als die Schleppkähne auf dem Rhein noch von Pferden, deren flußseitiges Auge gegen Lichtreflexe verklebt war, hinaufgezogen wurden) schlägt die Wirtschaft einen wichtigen Takt: Nicolaus August Otto baute 1864 die erste Motorenfabrik der Welt und erfand ein gutes Jahrzehnt später den Viertaktmotor. Die KölnMesse setzt die seit dem Mittelalter bestehende Tradition als Handels- und Wirtschaftsmetropole fort. 40 große Fachmessen werden regelmäßig durchgeführt, wobei die Möbelmesse, die ANUGA und die photokina zu den größten und bekanntesten gehören. Die weltweite Akzeptanz und der wirtschaftliche Impuls für die Region sind gewaltig: Jährlich lassen Aussteller und Besucher 2,7 Milliarden Mark in Köln, sichern indirekt nahezu 50 000 Arbeitsplätze. Demnächst kommen noch einige hinzu. Hinter dem Bahndamm wächst zur Zeit die modernste Mehrzweckhalle Europas heran: 18 000 Besucher soll die Köln-Arena einmal fassen.

Wenn es die auf der „richtigen Seite" auch nicht glauben mögen: Deutz hat als „Castellum Divitia" römischen Ursprung. Etwas jünger – eine fränkische Gründung – schließt sich Mülheim hinter dem Rheinpark im Norden an. An Fronleichnam steht der einstmalige Schifferort im Mittelpunkt der Gottestracht, einer Wallfahrt auf dem Rhein. Die Legende berichtet, daß vor rund 500 Jahren ein Dieb mit gestohlenen Kelchen aus der Kirche St. Clemens über den Rhein fliehen wollte. Doch der Kahn versagte seine Dienste, die Kelche mit der Hostie konnten gerettet werden. Seither legen die Schiffe dicht gestaffelt vom Ufer ab. Ein fröhlich-frommes Spektakel, zu dem sich auch die Schützen mit Böllerschüssen gesellen. Die „Müllemer Bötche" sind seitdem im kölschen Liedgut fest verankert. Um zum Zoo zu gelangen, muß man freilich nicht mehr mit dem Schiff übersetzen. Die Rheinseilbahn überbrückt den Rhein zwischen Mülheim und Riehl. Sehenswert sind das Elefantenhaus im maurischen Stil sowie das einer russischen Kirche nachempfundene Südamerikahaus aus den Anfangsjahren des 1860 eröffneten Zoos.

Acht Brücken überspannen heute den Rhein, der sich als mächtiger Strom von 400 Meter Breite bei Rodenkirchen in einer langen Kurve von Süden her der Stadt nähert, um sie nach 40 Kilometern im Norden bei Kilometerstein 711 wieder zu verlassen. Unter den Bögen der Hohenzollernbrücke, der meistbefahrenen Eisenbahnbrücke im Land, besteigen wir das Schiff in Richtung Rodenkirchen. Vorbei am Rheingarten und der Altstadt geht es stromaufwärts. Wie ein vor Anker gegangenes Kreuzfahrtschiff liegt der Bug des Schokoladenmuseums an der Einfahrt zum Rheinauhafen. Ein Schlaraffia für Naschkatzen. Am Agrippinaufer ähnelt das „Siebengebirgslagerhaus" den norddeutschen Speicherbauten. Nach einer halben Stunde ist das Ziel erreicht. Rodenkirchen. Schiffswechsel: Das Hausboot „Alte Liebe" schaukelt im Takt der Wellen, die die vorbeituckernden Lastkähne aufwirbeln. Erst brannte das rotweiße Restaurantschiff aus, dann brachte es ein Frachter beinahe zum Kentern. Die Eigner machten weiter, gaben die Kölner Institution nicht auf. Denn: „Alte Liebe" rostet nicht.

Köln ist auch Hafenstadt. Zu den schönsten Hafenbecken zählt der Rheinauhafen für private Yachten und Motorboote.

Cologne is a river port, and one of its most attractive docks is the Rheinauhafen, a private marina for yachts and motor boats.

Cologne possède également un port, dont l'un des plus beaux bassins est le «Rheinauhafen» qui abrite des yachts privés et des canots à moteur.

Cologne is on the left bank of the Rhine. That much is certain. Even though the city is spread almost equally to the left and right of the river, although the trade fair halls, Rheinpark, Tanzbrunnen and airport are on the "schäl Sick" or Deutz side, the pulse of the city and its history beats on the Cathedral bank. Natives believe the wild East begins on the other side of the Rhine, many even say Siberia. Of course it is not that bad. Here on the "schäl Sick" (which means something like "blind side" and stems from the time when Rhine barges were still drawn by horses whose river eye was covered to black out reflected light) business plays an important role. In 1864 Nicolaus August Otto built the world's first engine factory and just over ten years later he invented the four-stroke engine. The Cologne Fair continues Cologne's tradition as a centre of commerce and business, which dates back to the Middle Ages. Forty major trade fairs are regularly held here. Among the largest and best known are the furniture fair, the ANUGA food, drink and tobacco fair and the photokina photography exhibition. Both worldwide acceptance and the economic boost the fairs give to the region are enormous. Every year exhibitors and visitors spend 2.7 billion marks (1.56 billion dollars) in Cologne, indirectly securing almost 50,000 jobs. More is yet to come. Behind the railway embankment the most modern multi-purpose hall in Europe is shooting up: the Cologne Arena will hold 18,000 visitors.

Even if the people on the "right side" of the river choose not to believe it, Deutz was once a Roman settlement called Castellum Divitia. Mülheim, behind the Rheinpark to the North, is somewhat more recent, having been founded by the Franks. At Corpus Christi the former shipping town is the centrepoint of the Gottestracht, a pilgrimage on the Rhine. Legend has it that around five hundred years ago a thief had stolen some chalices from St Clemens church and wanted to flee with them across the Rhine. But the boatman refused his services, so the chalices and Host were saved. Since then boats have tied up in close echelons along the bank for a lighthearted religious spectacular accompanied by gun salutes and "Müllemer Bötche" (Mülheim boats) have been firmly anchored in Cologne song lyrics. To get to the zoo, however, there is no need to take a boat. One

can use the Rhine cable car which spans the river between Mülheim and Riehl. At the zoo, which was opened in the early 1860s, the Moorish-style elephant house and the South America house, built on the lines of a Russian church, are both worth a visit.

Nowadays there are eight bridges across the Rhine, which is 400 metres wide as it flows toward the city in a long curve from the South, nearing it at Rodenkirchen and leaving it again 40 kilometres further north, at kilometre stone 711. Beneath the arches of the Hohenzollern bridge, the busiest railway bridge in Germany, we board a boat going towards Rodenkirchen. Sailing upstream past the Rheingarten and the Altstadt we see the prow of the chocolate museum looking like an anchored cruiser at the entrance to Rheinau dock. A paradise for chocoholics. The Siebengebirgslager on Agrippinaufer looks like a North German warehouse. Half an hour later we have reached our destination, Rodenkirchen. We change ships, boarding the "Alte Liebe" (Old Love), a houseboat gently rocking in rhythm with the waves churned up by the barges chugging past. First the red and white restaurant boat was burnt out, then a freighter almost capsized it. Its owners carried on regardless, not wanting to give up this Cologne institution. For "Alte Liebe" never rusts.

Das Schokoladenmuseum am Rhein: Hier werden Kinderträume wahr.

The Chocolate Museum by the Rhine, where childhood dreams come true.

Le musée du chocolat sur le Rhin réalise les rêves d'enfants.

Cologne, c'est la rive gauche du Rhin. Il ne peut y avoir de doute à cela. Le territoire qu'occupe la ville s'étend, certes, à parties égales, ou presque, à gauche et à droite du fleuve, les foires, le Rheinpark (Parc du Rhin), le Tanzbrunnen (Fontaine de la Danse) et l'aéroport se trouvent, il est vrai, sur la «schäl sick», la rive «aveugle» ou rive Deutz, mais il n'en reste pas moins que le cœur de la ville et de son histoire continue de battre du côté de la cathédrale. Audelà du Rhin commence «l'Est sauvage», disent les autochtones, voire la Sibérie, comme d'aucuns prétendent. A vrai dire, les choses n'en sont pas à ce point. Ici, sur la «rive aveugle» – expression datant de l'époque à laquelle les chalands naviguant sur le Rhin étaient tirés par des chevaux dont on masquait l'œil tourné vers le fleuve pour le protéger des reflets lumineux – l'industrie a toujours joué un rôle prédominant: en 1884, Nicolaus August Otto construisit la première fabrique de moteurs du monde, de même qu'il inventa le moteur à quatre temps une bonne dizaine d'années plus tard. La Foire de Cologne perpétue la tradition fondée au Moyen Age qui est celle d'une métropole du commerce et de l'économie. Quarante grandes foires spécialisées y ont lieu régulièrement, la Foire du Meuble, l'ANUGA et la photokina comptant parmi les plus importantes et les plus connues. La résonance mondiale de ces dernières, ainsi que le rôle de moteur qu'elles jouent sur le plan économique pour toute la région, sont énormes. Chaque année, exposants et visiteurs laissent 2,7 milliards de marks à Cologne, assurant indirectement 50 000 emplois. D'autres viendront s'y ajouter prochainement. Situé derrière le remblai du chemin de fer, le hall d'exposition à usage polyvalent, le plus moderne d'Europe en son genre, est actuellement en voie de réalisation. Ces arènes colonaises devraient accueillir un jour 18 000 visiteurs.

Même si ceux qui habitent du «bon côté» ne veulent pas le croire, l'origine de Deutz, anciennement «castellum divitia» remonte à l'époque romaine. Mülheim, sa voisine, derrière le Rheinpark, au nord, fut, elle, fondée par les Francs. Le jour de la Fête-Dieu, cet ancien village de bateliers, est le centre de la procession «Gottestracht» dans le cadre du pélerinage organisé sur le Rhin. La légende raconte que voilà bientôt 500 ans, un voleur, qui avait dérobé des calices à l'église St. Clemens prit la fuite en traversant le Rhin. La barque lui refusa ses services, mais les calices et l'hostie purent être sauvés des eaux. Depuis, des escadrons entiers de bateaux viennent s'amarrer en rangs serrés sur la berge. Un spectacle rempli d'allégresse et de ferveur religieuse auquel se mêlent le fracas des coups de canon tirés depuis les rives par les membres de sociétés de tir. Depuis lors, les «Müllemer Bötche» (les bateaux de Mülheim) sont profondément ancrés dans le patrimoine de chants populaires colonais. Pour gagner le zoo, il ne faut plus, aujourd'hui, traverser le fleuve en bateau. Une télécabine – la Rheinseilbahn – relie Mülheim et Riehl. La Maison des Elephants, érigée dans le style mauresque, ainsi que la Maison de l'Amérique du Sud, inspirée des églises russes et inaugurée en 1860, alors que le zoo venait d'être créé, sont également dignes d'une visite.

Huit ponts enjambent aujourd'hui le Rhin, puissant fleuve de 400 mètres de largeur qui, décrivant une large courbe, s'approche de la ville par le sud pour la quitter de nouveau après 40 kilomètres, au nord, à la borne kilométrique numéro 711. Sous les arches du pont Hohenzollern, le pont de chemin de fer le plus fréquenté du pays, nous prenons le bateau en direction de Rodenkirchen. Nous remontons le fleuve, longeant le Rheingarten et la vieille ville. Tel un paquebot de croisière, qui serait venu y jeter l'ancre, la proue du Musée du Chocolat s'avance à l'entrée du Port de Rheinau. Un pays de cocagne pour amateurs de friandises. Située sur la rive Agrippina, la «Siebengebirgslagerhaus» rappelle les entrepôts du nord de l'Allemagne. Une demi-heure plus tard, nous sommes arrivés au but. Rodenkirchen. Changement de bateau. La péniche aménagée, «Alte Liebe» (Vieil amour), se balance au gré des vagues que soulèvent les chalands nous dépassant dans le crachotement de leur moteur. Ce bateau-restaurant peint en rouge et blanc fut d'abord détruit par un incendie, puis faillit être renversé par un cargo. Mais les propriétaires continuèrent, refusant d'abandonner cette institution colonaise. Un «vieil amour» ne rouille pas.

Fährhaus

Die Gaststätte „Zum Treppchen" in Rodenkirchen zählt vor allem in den Sommermonaten zu den In-Adressen der Stadt – obwohl es dort kein Kölsch gibt. Schon zu Beginn des 19. Jahrhunderts war dieser Ort ein Rast- und Wechselplatz für Pferde. Sie zogen die Boote von hier aus flußaufwärts.

In the summer months in particular, "Zum Treppchen," a restaurant in Rodenkirchen is a very popular watering hole for Cologne people – even though it serves no Kölsch. In the early nineteenth century it was a coaching inn where bargemen rested or changed their horses before heading further upstream.

Le restaurant «Zum Treppchen» à Rodenkirchen est, surtout durant les mois d'été, un lieu convoité, même si la «Kölsch» n'y est pas servie. Déjà au début du siècle, une auberge s'y trouvait ainsi qu'un relais de poste pour remplacer les chevaux fatigués. D'ici, ils tiraient les bateaux en amont du Rhin.

Siebengebirge
BERLIN
KD Köln-Düsseldorfer

Zur Mülheimer Gottestracht an Fronleichnam tritt die Kirche auf dem Rhein mit großem Ornat auf. Beinahe wie zu heidnischen Zeiten wird der „Vater Rhein“ mit Gebeten und Gaben beschwichtigt. Die prachtvolle Schiffswallfahrt geht auf eine Begebenheit aus dem späten Mittelalter zurück. Ein Kirchenräuber, der über den Rhein fliehen wollte, ging mitsamt seinem Schiff unter – nur seine Beute, darunter die Hostie, wurde wie durch ein Wunder gerettet.

The Mülheim Corpus Christi procession is a large-scale affair, with the church out on the Rhine in full regalia. Almost as in pagan days Father Rhine is placated with prayers and gifts. The magnificent shipping pilgrimage dates back to an event that occurred in the late Middle Ages. A church-robber who tried to make his getaway across the Rhine died when his ship sank. As if by a miracle, his loot, including the host, was saved.

A l'occasion de la procession de la Fête-Dieu de Mülheim (dite «Mülheimer Gottestracht»), l'Eglise revêt son plus bel habit sacerdotal pour se présenter sur le Rhin. Tout comme à l'époque païenne, les prières et les offrandes se font en grand nombre pour apaiser le Rhin, qui, dans la mythologie populaire, est considéré comme un «père». Le somptueux pèlerinage en bateau rappelle un événement qui se produisit vers la fin du Moyen Age. Voulant s'enfuir en traversant le Rhin, un voleur d'objets religieux, coula avec son bateau. Seul, son butin, dont l'hostie, fut, comme par miracle, sauvé des eaux.

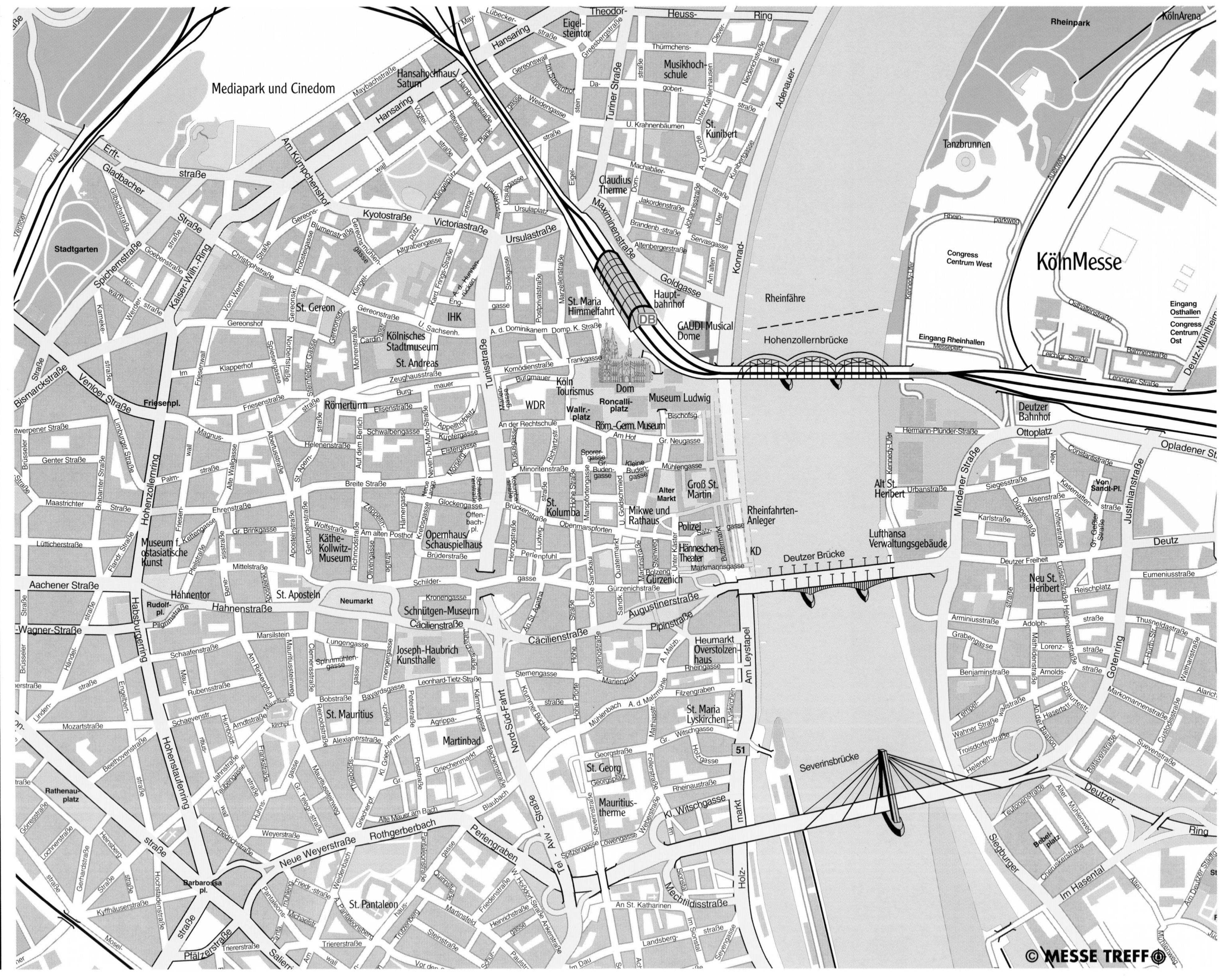

Mediapark und Cinedom
Stadtgarten
Hohenzollernring
Habsburgerring
Hohenstaufenring
Kaiser-Wilh.-Ring
Hansaring
Hansahochhaus/Saturn
Theodor-Heuss-Ring
Eigelsteintor
Venloer Straße
Bismarckstraße
Aachener Straße
Hahnentor
Hahnenstraße
Neumarkt
St. Aposteln
St. Gereon
St. Pantaleon
St. Mauritius
Römerturm
Kölnisches Stadtmuseum
St. Andreas
IHK
Käthe-Kollwitz-Museum
Museum f. ostasiatische Kunst
Opernhaus/Schauspielhaus
Schnütgen-Museum
Joseph-Haubrich Kunsthalle
Martinbad
Nord-Süd-Fahrt
Tunisstraße
Tel - Aviv - Straße
Cäcilienstraße
St. Kolumba
WDR
Köln Tourismus
Dom
Roncalliplatz
Röm.-Germ. Museum
Museum Ludwig
Hauptbahnhof
GAUDI Musical Dome
St. Maria Himmelfahrt
Ursulastraße
Claudius Therme
Musikhochschule
St. Kunibert
Turiner Straße
Groß St. Martin
Alter Markt
Mikwe und Rathaus
Polizei
Hänneschen-Theater
Gürzenich
Heumarkt
Overstolzenhaus
St. Maria Lyskirchen
St. Georg
Mauritiustherme
Holzmarkt
Am Leystapel
KD
Rheinfahrten-Anleger
Konrad-Adenauer-Ufer
Severinsbrücke
Deutzer Brücke
Hohenzollernbrücke
Rheinfähre
Lufthansa Verwaltungsgebäude
Alt St. Heribert
Kennedy-Ufer
Mindener Straße
Deutzer Bahnhof
Ottoplatz
Opladener Straße
Neu St. Heribert
Gotenring
Justinianstraße
Siegburger Straße
Congress Centrum West
Eingang Rheinhallen
Eingang Osthallen
Congress Centrum Ost
KölnMesse
Tanzbrunnen
Rheinpark
KölnArena
Deutz-Mülheimer Straße
© MESSE TREFF